敏捷时代的
人力资源
AGILE PEOPLE

（瑞　典）碧雅-玛利亚·索伦（Pia-Maria Thoren）　著
（新加坡）黄邦伟（Pan-Wei Ng）　译

化学工业出版社
·北京·

内容简介

在目前瞬息万变、竞争激烈的时代,我们的组织正在面临前所未有的挑战。世界的复杂性正在增加,商业模式正在转变,员工对工作的看法也在改变。很多组织,不论大小都希望在这些改变中有所突破。在现实环境中,大家都必须真正理解不会有通用的银弹或解决方案来应对这些快速的变化,唯一的办法就是探寻一种能够敏捷响应未来的工作方式。

针对当前管理者、人力资源专业人士、公司决策者和员工所面临的困境,本书介绍了如何运用敏捷思想和敏捷实践来实现客户协作、激励员工、学习型组织、激发领导力和快速响应变化,从而打造高效、充满动力和优秀的团队,帮助组织应对时代的挑战,以便更适应人们和未来的需要。

Agile People,1-1,edition by Pia-Maria Thoren.
ISBN 978-1-61961-625-7
Copyright © 2007 by Pia-Maria Thoren. All rights reserved.
Authorized translation from the english language edition published by Lioncrest Publishing.
本书中文简体字版由 Pia-Maria Thoren 授权化学工业出版社独家出版发行。
未经许可,不得以任何方式复制或抄袭本书的任何部分,违者必究。

北京市版权局著作权合同登记号:01-2021-4828

图书在版编目(CIP)数据

敏捷时代的人力资源/(瑞典)碧雅-玛利亚·索伦(Pia-Maria Thoren)著;(新加坡)黄邦伟(Pan-Wei Ng)译.—北京:化学工业出版社,2021.9
书名原文:Agile People
ISBN 978-7-122-39278-7

Ⅰ.①敏… Ⅱ.①碧…②黄… Ⅲ.①人力资源管理 Ⅳ.①F243

中国版本图书馆 CIP 数据核字(2021)第 108701 号

责任编辑:罗 琨　　　　　　　　　文字编辑:贾全胜　陈小滔
责任校对:赵懿桐　　　　　　　　　装帧设计:水玉银文化

出版发行:化学工业出版社(北京市东城区青年湖南街13号　邮政编码100011)
印　装:三河市双峰印刷装订有限公司
710mm×1000mm　1/16　印张15　字数202千字　2021年11月北京第1版第1次印刷

购书咨询:010-64518888　　　　　　　售后服务:010-64518899
网　　址:http://www.cip.com.cn
凡购买本书,如有缺损质量问题,本社销售中心负责调换。

定　　价:68.00元　　　　　　　　　　　　　　　　版权所有　违者必究

特此致谢

感谢致力于敏捷的人士，感谢你们支持我的使命——建立一个能够创造更好组织的网络与论坛的结合体。感谢你们付出辛勤的汗水，协助我们成功举办许许多多社区活动以及会议。我希望这本书能支持我们的使命，也希望未来我们回首时，能够看到《敏捷时代的人力资源》作为新一代职场的起点。

布鲁克（Brooke），感谢你的支持。如果没有你，这本书或许永远也无法完成。

感谢所有为这本书做出贡献的人：你们所有的参与，你们接受的访谈，以及提供的引述和内容，使这本书变得活泼生动。这本书是团队一起努力的结果，它不是个人的成就，这也践行了真正的敏捷精神。感谢大家的贡献。

感谢詹妮（Jennie）和亚历山德拉（Alexandra）协助我进行采访。这些采访很辛苦，但我们取得了辉煌的成果，为此我感到非常骄傲。

贡献者

莱拉·荣格伯格（Leila Ljungberg），雪花软件（Snow Software）

当莱拉开始在信息技术（IT）社区与人力资源（HR）岗位一起工作时，她很快意识到有很多可以向 IT 学习之处。她深入敏捷实践社区努力学习，然后开始根据敏捷的基本原则构建 HR 职能，将它称为敏捷 HR。如今，她还在不断地探寻使用敏捷价值观的新方式，让人们与文化一起进化，逐渐达到更高的境界。她坚信每个人都有内在的领导力促进我们成长和努力工作，能够塑造一个对结果产生影响的包容的氛围。

马蒂·克拉森（Matti Klasson），King 移动游戏公司

马蒂认为既有动力又快乐的人，才能创造出既有创意又让客户满意的一流产品！

他为不同企业、团体和个人提供方法工具和指导，帮助他们去除障碍和浪费，使他们更快速地成长、更能具竞争力、更能适应变化。马蒂具有二十年在软件和系统工程工作的丰富经验，他是 DevOps（Development 和 Operations 的组合词，指软件开发团队与运维团队之间更具协作性、更高效的关系）和敏捷的忠实拥护者。

博尼塔·罗伊（Bonnitta Roy），APP 国际协会

博尼塔，将组织参与式实践引入到工作场所。她是 APP 国际协会的创始人，也是欧洲领导力实践中心的成员。她为个人设计转型实践方案，为团体在奥尔德罗尔洞察中心（Alderlore Insight Center）举行集体洞察会（Collective Insight Retreats）。

比约恩·桑德伯格（Björn Sandberg），领导力、管理和人力资源咨询公司（Preparatus）

比约恩曾在 HR 行业中担任过很多职务，在精益和敏捷理念的启发下，深入参与了很多重大的转型和变革。通过深入了解人力资源的精髓，他发展了下一代的 HR。他认为，在一个节奏快且复杂的世界中，若要持续地支持企业运作，这是非常必要的步骤。

法比奥拉·艾豪哲（Fabiola Eyholzer），管理咨询公司（Just Leading solutions）

法比奥拉是 Just Leading Solutions 管理咨询公司的 CEO。该公司位于纽约，主要领域是精益、敏捷人力运营——21 世纪的 HR 管理方法。她专注于企业的关键资产，即企业的人才，从而帮助更多企业加速敏捷转型。

瑞娜·赫尔斯特罗姆（Riina Hellström），人力＆商业咨询公司（Peoplegeeks）

瑞娜作为一名敏捷和人力资源方面的专家，在全世界都享有盛誉，被同行和其他从业者推崇。在 2010 年，她创立了自己的咨询公司，以推动敏捷组织和敏捷 HR 领域的发展。Peoplegeeks 公司是一家现代人力资源和商业咨询公司，通过运用现代 HR、敏捷转型、敏捷管理、人力资源分析，以及数字化人力服务，发展和构建现代领导力和跨组织协作，帮助客户在业务中取得成功。

塞西莉亚·韦斯特霍尔姆·比尔（Cecilia Westerholm Beer），信用评级机构（Bisnode）

塞西莉亚是一位以商业为驱动、充满好奇、有激情的领导者，她专注的领域是参与和变革管理。她在战略组织发展、绩效、效能、变革管理、员工和客户参与、职场策略、人力资源规划、组织设计和战略实施等方面都有丰富的经验。在过去的十五年，她在人力资源领域工作，曾担任过总监和副总裁的管理职位。

前言

选择去适应

"在生存的斗争中,适应者能够战胜对手生存下来,因为它们可以成功地进行调整使自己适应环境,更好地生存。(物竞天择,适者生存。)"

——查尔斯·达尔文(Charles Darwin)

达尔文是最早提出适应性的人。他相信动物、植物为了生存会适应它们生存环境中新的变化和情况。他的名句"适者生存"是指一个物种的适应能力,而不是它身体的力量。在变化的世界中,适应能力能让一些物种在最艰难的环境变化中得以生存。对于企业来说也是一样的。不同的是,在商业环境中,我们不需要等上两百万年去适应,我们可以通过积极的选择适应来生存。

选择适应变化是敏捷思想的精髓。在过去,"敏捷"是软件开发和IT行业的管理思想和工具。如今，越来越多的人力资源团队将"敏捷"使用在整个组织上。"敏捷"是一种不断向前和创造价值的方式。它是一种思想，让人们和团体能够迎接挑战，快速学习和应对变化。它是一种不同的崭新的管理团队、个人、项目以及研发的方式。

> "敏捷"是应对快速变化又复杂的世界的一种运营战略。
>
> ——比约恩（Björn）

我的同事托马斯（Tomas）在2009年向我介绍了"敏捷"，那时我在HR和IT转型领域担任项目经理。我们在为一家大型跨国制造业公司实施一项人才管理的方案。尽管工作需要条理性，但我不是一个很有条理的人，所以我做项目管理遇到了困难。我做了自己分内的事情，但是对遵循时间表、制定详细的项目方案或者计划每个人每天应该做的事情这些琐碎的事情处理起来并不情愿。我开始学着有条理地做事，但这不是我的个性。所以，虽然我的项目很成功，但我对自己的工作并不满意。

项目经理的工作不太适合我，但我并不知道为什么，直到我参加了为期四天的课程，改变了我的生活时才明白原因。我的同事读了一本有关"敏捷"的书，并且建议我跟他一起参加一个研讨会，学习如何将"敏捷"应用到我们想要实现的目标中。在那四天里，我了解到有一种更好的方式来管理项目、业务，甚至是我自己的生活。这种方法和我之前使用的方法完全不同。

20世纪90年代，许多IT公司采用瀑布式管理方法，这是一种线性的、按顺序的设计流程，我们当时也采用瀑布式来管理一个大型项目。与之相反的，"敏捷"是一种增量的方法，工作以小批量或者冲刺（Sprint）的方式来完成，然后进行评估和测试。这种方法提倡相互协作，允许修正错误，并且在前进的过程中获取反馈来调整方向。

后来，通过我个人的经验，以及对许多个性特征框架的研究，我发现人们从本质上就有很大的不同。有些人很灵活、很有自发性，而有些人则渴望秩序。我们如何做事，什么给予我们动力，这些都写在我们的 DNA 结构中，也是我们在早期成长中被培养的。在赖斯动机图谱（Reiss Motivation Profile，RMP）的描述中，提到了人的十六种基本欲望，它对于个人和工作中与他人合作，都是非常有用的工具。它会帮助你更好地理解你自己，以及你和同事之间的关系，这样你就会知道自己在哪个角色和职位最有成就感。我们将在第九章详细介绍这部分内容。

> 我不喜欢讨论代际问题，比如千禧一代。因为老实说，我认为千禧一代人与人个体之间的差异，要比 90 年代出生的群体大得多。不过，我认为千禧一代的改变是期望中的改变。我们要承认，有些问题并不是哪个年代的人出生时间的问题，这些问题产生的原因要比年代带来的标识更为宽泛。
>
> ——莱拉（Leila）

这本书是关于如何在 HR 部门和整个组织使用敏捷原则和实践，旨在激励人们实验不同的工具，探索新的途径。通过实验和基于信任的管理，企业可以增加员工的参与感，确保企业在市场中长期生存和发展。虽然"敏捷"起源于技术领域，但这一思想适用于任何快速发展的行业以及不断变化中的企业。

> 你可以做很多不同的事情，在很多不同的团体中工作。你日常的工作可以由五六个不同元素组成。我兼职为优步（Uber）开车，同时也兼职做在线教师。对于能看到这些机会的人来说，工作的可能性是巨大的。你真的不需要朝九晚五地工作。
>
> ——莱拉（Leila）

我的目标是通过自身的经验和咨询的经历来证明，当人们的情绪状态更好时，他们的绩效也将会更好。我会向你展示如何采用新的领导力和管理方式，以促进自主型团队的形成。我们可以齐心协力让人们感到安全，启发他们展现自己独特的技能和想法，实现个人、团队和整个组织的共同利益。

这本书的目标读者是对培养具有创造性和富有成效的工作环境感兴趣的人：咨询师、客户、高管、员工和教育工作者。这些环境可以吸引和留住优秀员工，让他们能够每天把自己一流的工作状态带进公司。我的目标是分享敏捷原则和实践，以便我们可以在没有等级或限制的情况下，共同创建更好的组织。最重要的是，这本书是给 HR 人士的。由于成本的削减，管理者现在承担着越来越多与 HR 相关的职能，而旧的、控制式的 HR 角色在新环境下也不再那么有效了。

敏捷人力的使命是大胆而广阔的，我相信它有能力在职场中发挥巨大的作用。我希望读者能在这本书中获得启发，并获得无尽探索的潜力。让我们从今天开始创造一个更美好的未来吧。

译者序

"我们一直在实践中探寻更好的软件开发方法，身体力行的同时也帮助他人。"这是敏捷宣言开篇的第一句话，也是我个人的一项使命。从2000年，我开始从事辅导团队的工作，帮助并指导他们取得更好的成绩，不断寻找并消除团队和组织的瓶颈，使他们成长并有所突破。辅导范围从最初的侧重于架构与技术方面，到后期渐渐扩展到工作流程、组织规划与治理、创新以及组织文化的方方面面。

我个人的经历与"敏捷"的发展趋势很类似。敏捷宣言在2001年发起，主要是应对小团队的协作和技术问题。随着业界对"敏捷"的认可，以及敏捷思想自身的发展，敏捷思想所解决的问题和范围也在逐渐扩大。Scrum（一种敏捷框架）解决团队之间的协作瓶颈和产品负责人与研发团队协作的瓶颈；DevOps（开发运维一体化）解决研发与运维之间协作的瓶颈；Lean Startup（精益创业）解决企业实验、尝试创新的瓶颈；SAFe（规模化敏捷）解决团队与组织之间的协作瓶颈。

这些都是敏捷理论和实践的发展，也是我个人在工作中所经历的和成长的旅程。

2014年，我为一家知名的大型企业提供敏捷辅导，取得了非常好的成果。但是由于这家企业按照年度规划和预算的方式运作，项目要在年底收尾，有些团队直接解散，有些团队的工作须等待预算通过之后才能再次展开。到了年底，人们几乎暂停了所有的工作，这对企业来说是一种巨大的浪费！因为当年的辅导成果不能延续和积累，我们只能明年重新辅导下一批团队。在一定程度上，年度规划和预算对组织的发展形成了重大的瓶颈，因此，我针对这项问题开始寻找解决方案。我相信，类似这家企业的情况并不是特例。果然如此！很快地，我便发现了帮助解决这一问题的理论及实践体系。企业如果能够在规划预算方面有所突破，必然会消除一个很大的瓶颈。随后我主动联系《实施超越预算》（*Implementing Beyond Budgeting: Unlocking the Performance Potential*）的作者比亚特·伯格斯尼思（Bjarte Bogsnes），向他学习和探讨，并将他的这本著作翻译成中文，在许多企业中尝试实践。

超越预算不仅属于财务规划的范畴，更涉及绩效管理的体系，它是一个组织内财务和人力资源的结合。这更加点燃了我对解决人力资源相关瓶颈的想法。机缘巧合，碧雅-玛利亚（Pia-Maria）刚刚出版了她的著作《敏捷时代的人力资源》（*Agile People*）。我同样与她取得联系，在学习和实践相结合的过程中，开展对本书的翻译工作。

碧雅-玛利亚以一个全面且崭新的眼光对待敏捷人力这一课题。从组织结构到绩效管理，从招聘到职业发展，从薪酬到激励，从管理到领导力，她从本质上运用敏捷的价值观和原则处理这些问题，并且列出了具有说服力的方案以及相关案例。更特别的是，碧雅-玛利亚将每个领域的传统方式与敏捷方式进行了对比，让读者明确地认识到范式的转换，这是非常重要的。每个组织的背景和发展历程都不相同，不是每个建议都适合所有组织。然而，一旦认识到组织的本质和发展的趋势，就必然能够找出应对的措施和方案。下一步，就是敢为人先地尝试。这本书不仅是 HR 工作者的必备书籍，也是每位管理者所需要的手册。

正如前面所提到的，我一直在探寻更好的工作方式，不断协助组织识别阻碍发展的瓶颈，并系统性地消除它们。如今，企业要应对当前数字化时代迅速的转变，不仅仅需要给客户更好的价值和体验，同样也需要给员工提供价值和最佳的体验。这也是我多年探寻和提倡的"数字化在内"（Digital Inside）。不幸的是，很多企业内部的运作方式非常笨重，特别是有关财务和人力的流程，对企业的发展与创新形成了巨大的瓶颈。谈到财务，会涉及采购和审计；谈到人力资源，会涉及人力外包和绩效。这些方面涉及整个企业运营的范畴，是企业的核心。然而，财务与人力并不是唯一的瓶颈，组织中还存在不少显而易见的瓶颈，等待我们去消除。如前所述，企业或者管理者需要有勇气去面对，破除古老过时的思维，让组织的发展焕发出新的时代光芒。

要解决这些瓶颈，组织内部就需要有效地对话。对话要取得进展，就需要为对话提供适合的场景和前提条件。而《实施超越预算》和《敏捷时代的人力资源》的做法，是探讨行业领先思想和洞察行业发展趋势的一个很好的起点。希望它们能够给您个人和组织带来启发和突破。

所以，请您尽情地阅读、学习、思考、尝试，并且落地和推广。

黄邦伟博士（Pan-Wei Ng，Ph.D. 新加坡）

译者致谢

在此,我特别感谢赵卫和白阳为本书的精准翻译付出的心血与努力,谢谢!

敏捷人力的使命

职场正在发生转变。组织正变得越来越富有启发性、人性化、目标化和前瞻性。企业正成为一股有益的力量,释放人们的潜能,并对他人的生活、社区和世界都产生积极的影响。我们的目的是通过传播"敏捷"的价值观来加速这些转变,从客户协作、激励员工、激发领导力,到迅速改变所有业务领域和组织。

我们为身处组织变革的前沿而感到骄傲。我们吸引来自各行各业的人才,他们扮演着不同的角色。跨职能的合作可以给未来的工作提供相互学习、协作的机会和新的解决方案[1]。

---

[1] "使命",敏捷人力,瑞典,2017年9月10日,http://agilepeoplemanifesto.org/。

目录

第一章 敏捷的诞生 001

第二章 组织结构 013

第三章 现代敏捷 031

第四章 绩效管理 041

第五章 目标设置与 OKRs 055

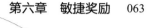

第六章　敏捷奖励　063

第七章　敏捷招聘　073

第八章　学习与发展　083

第九章　赖斯动机图谱　099

第十章　敏捷领导力　115

第十一章　敏捷管理　123

第十二章　敏捷工具　135

第十三章　员工参与感　149

第十四章　敏捷与大脑　165

总结　173

敏捷人士宣言　181

延伸阅读　185

采访马蒂·克拉森，负责King公司人力发展、管理3.0的推动者　189

采访OPO创始人 博尼塔·罗伊　199

敏捷术语表　213

原则与实践　217

第一章
敏捷的诞生

"思考是世界上最艰苦的工作,或许就是因为这样,人们才很少思考。"

——亨利·福特(Henry Ford)

我写这本书的目的是分享如何将敏捷思想应用到一个组织中，不论这个组织是大的还是小的，是新成立的还是已经成立一段时间的。我将会提供具体的练习和场景，分享成功的经验，现在有些公司已经在享受敏捷思想带来的益处，所以我有些迫不及待地想分享给大家。

> 我们相信我们可以针对可能出错的每件事情提出解决方案。当这些解决方案被应用到流程中时，一切都是顺利的。人力资源是由一些潜在的力量驱动的——比如法律、财务和管理。法律在美国人力资源领域的驱动力尤为普遍。
>
> ——法比奥拉（Fabiola）

一、敏捷之梦

马丁·路德·金（Martin Luther King Jr.）并没有说过："我有一个五年计划。"他用他的名言"我有一个梦想"（I have a dream）感动了一代人。这一切都开始于一个美好的梦想，而我的梦想就是创造敏捷的组织，梦想着有能力去团结一个团队、一个部门或者整个公司，激励人们为了共同的愿景而努力。

没有梦想，也可以经营一家公司，但你永远不会拥有充满激情的员工。如果你不清楚"为什么"而成立公司，那员工也不会知道。

战略的执行是实现梦想的方式，在每天早上8点到下午5点之间都会发生（虽然现在越来越多的人在下班时间工作，或者不在办公室里工作）。如果员工认同公司"为什么"的理念，他们就会选择做出决定并采取行动，每天每时每刻都朝着"为什么"的方向前进。决策和创新不完全是来自高层，也不完全来自中层。不是说高层不能创新，只是光依靠几位高层领导者或者某个部门来创新是有些不明智的。

> 很少有人拥有足够的权力实施变革，并真正去建立这种有梦想的企业。每个国家都有一些特例的企业，它们会被列入到"最佳职场"或者类似的名单中。这些企业往往都有一个非常明智的老板，他们可以做出变革，建造他们信任的体系或企业。也许这个体系不会很快为经营带来很高的收入，但是他们会以一种持久和自然演进的方式不断进步。
>
> ——瑞娜（Riina）

创新无处不在，每时每刻都在发生。我们需要给予人们更多的时间和空间，让他们能发挥创造力。确保一个企业未来发展的最好方法就是不断创新，为不断变化的客户群体设计新的产品和服务。

创新在员工这一层级，是工作发生和工作完成的地方。员工每天做他们擅长的事情来实现梦想和愿景。因此，管理需要完全透明可见，并对每个人开放。整个企业都应该问："我能做些什么来实现我们的梦想？需要哪些步骤？"每个人都有权力优先处理正确的事情，就好像处理生死攸关的事情一样，因为现实就是如此。如果我们没有给予足够的重视，我们会很快被更小、更快、更具智慧的企业所取代。

二、旧时代的方法

在过去的一个世纪里，工作和员工的选择已经有了很大变化，尤其是在过去的二十年里。职位在过去是权力的象征,在很多层级制公司都是这样的(现在很多公司也是这样)。一百年前,大多数公司都像机器一样运作,员工是机器的重要组成部分。管理的责任是尽可能地提高系统效率,重点在于标准化和物流。人力曾经是资源,他们在企业的大机器中是可以更换的部件,大多数人不需要思考,而现在,机器人已经取代了许多那些不用思考的工人,给人们敲响了警钟。

弗雷德里克·泰勒(Fredrick Taylor)是最早的商业顾问之一,也是工业时代优秀的机械工程师,他发明了一套科学的管理体系。其主要目的是提高经济效益和改善劳动效率。

泰勒的观点和研究影响了很多知名的标杆效率法,比如福特工厂流水线采用的流程。人们排着队日复一日地重复着同样的任务。这种工作流程也被进行分析、评估、改进和标准化。在当时,他的实践非常有效率,能够满足工业生产和物流的需要,同时很大程度上创造了流水线。在流水线上,人们无需动脑,只需运用他们的体力。

> 作为一个普通人,我们没有改变,不过我们成长的环境有了颠覆性的变化。在现在的校园里,我们有着一个更为民主的氛围,例如,在影响自己发展和学习的方面,学生有着越来越多的权利。现在的学生可以在学术上与老师、教授持不同的意见,但仍然能拿到好成绩。但是,有些学生毕业后,他们进入的企业仍旧以机器式、官僚式和泰勒式的方式工作,这种工作方式跟他们最初的目标产生了巨大冲突。虽然我们最初聘用员工是为了让他们发挥创造力和想象力,不过有的时候,我们还是把他们看作了机器。
>
> ——比约恩(Björn)

那个时代留下了很多照片:男人穿着工装裤站在工厂的地板上,女人整齐地排着队使用着缝纫机或者熨烫板。他们的服装、行为和责任都是严格按照工厂里的等级详细规定的。在这种情况下,高层管理人员决定企业的战略,不需要倾听客户或者员工的意见,每个人都向老板汇报,向老板负责;任务是分配的,而不是选择的。

管理者对干得好的员工给予奖励，但是员工不能互相奖励。企业中的薪酬跟等级直接相关。晋升是衡量成就的标志，而自主性则不常见。少数的高层管理者做出所有的决定，因为他们被认为足够聪明，能够理解如何完成工作。企业中等级森严，权力属于少数人，同时权力也被看作是成功的标志。

三、今天的职场生活

今天，我们的经济已经从工业时代（通过知识时代）转向参与的时代，不过工业实践仍然存在。我们面临的挑战是要跟上技术进步的节奏。要做到这一点，我们就需要解放人类创造力的潜能，而不是将人们放在僵硬的不灵活的职位上。为了保持竞争力，我们需要不断改变和发展。

> 现在，我们只看到一些早期的先行者，他们真正地改变了职场，对如何完成工作、管理、控制和计划产生了积极影响。我认为我们看到的不过是冰山的一角。相信在不久的将来，我们会看到更多高科技含量的产品被销售，比如 AI 技术和机器人，它们将对人们的工作产生翻天覆地的影响。我不确定普通的工作人员是否能理解这一点，我甚至不确定我自己是否完全理解它。我只是知道，巨大的变化正在发生，而且来得很快。
>
> ——瑞娜（Riina）

知识时代意味着我们要自由思考、不断实验才能生存。"精益"是丰田公司的一个强有力的概念，其中参与和尊重员工的基本原则是核心价值观，也是成功的关键。

持续改进仍然是一个主题，它通过接受和探索创新思想来体现，允许人们失败（为了更好地学习），而不仅仅是关注系统效率。

> 以我的经验，如今的"职场"是一个流动的概念，不再是朝九晚五的办公室了。
>
> ——莱拉（Leila）

职场灵活性的提高，意味着人们将不再被当作机器使用。当然，仍然有一些结构僵硬的企业，每一分钟都要记录、评分，一些国际快餐店和连锁餐厅就是一个很好的例子。这些公司使用详细的检查表、流程表和系统明细进行管理，工作不需要员工具有特定的技能、创造力、创新或个性天赋。在这种类型的企业，员工被招聘来是专门为了遵从指示的。但对特许经营权建立在工厂模式之上，劳动力是可消耗、可交换资源的公司来说，这种模式非常有效。

> 我们总是为了最坏的情况和人员去设计我们的 HR 流程，我们称之为道格拉斯效应。假设道格拉斯是你公司最不想聘用的人，他集所有的坏行为、坏品格于一身，那么我们 HR 所做的每件事都是为了能让道格拉斯好好地工作。
>
> ——法比奥拉（Fabiola）

四、敏捷的历史

在 20 世纪 70 年代，一种被称为瀑布模型的项目管理系统受到广泛的欢迎。这种方法有很多变形，但是核心是一样的：流程是按照顺序来衡量的。开发流程如瀑布一样通过不同的项目阶段，这种瀑布模型最初应用在制造业和建造业，在这些行业中改变流程的成本很高，有时甚至是不可能改变的。

> 最开始是 IT 行业，它们需要想出新的系统、新的工作方法，来适应快节奏和高度协作的时代。
>
> ——法比奥拉（Fabiola）

瀑布模式的结果就是灵活性很低，犯错的空间很小。一旦完成一步，团队就不能回去进行改进。瀑布模式需要大量的预先计划和零偏离计划，它对于软件开发并不是非常有效，因为软件开发是抽象的并且总是在变化。五年项目时间表和严格的项目阶段不允许存在市场变化或客户反馈，一旦一个项目离开一个阶段并进入另一个阶段，就没有回头路了。

很多人认为完成一个步骤是好事。然而，瀑布模式的问题在于，它假定世界是可预测的，而事实并非如此。在使用瀑布模型做项目管理时，很多公司发现项目和反馈循环都花费了大量时间，经常超出预算，使用了比预期更多的资源。现今，瀑布模式已是一个过时的方法，跟不上当今世界变化的速度。其失败率很高，因为我们不能控制变化，而变化却是现实存在的。企业要开发出最好的和最有用的产品，需要实时得到市场的反馈。

敏捷运动开始于 IT 软件产业，它是对瀑布模型所做出的反应。因为事情很少按计划进行（如图 1-1），对灵活性的需要大大提高。每天都有人请病假或辞职，甚或经理离职，导致项目失败。而我们为了生存必须要适应，我们必须假设我们不知道也不能安排未来将要发生什么。

> 工作发生了变化，没有别人的帮助，一个人就无法完成工作。这是现今职场环境最基本也是最大的改变。我们很少有人能坐在一个小屋里自己把事情全都做完，而不需要跟其他人联络、合作和交流。
>
> ——瑞娜（Riina）

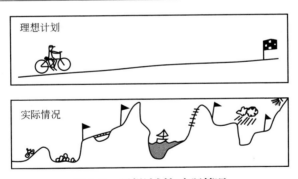

图 1-1　理想计划与实际情况

作为对瀑布模型及其问题的反应，一些 IT 专家在 2001 年聚到犹他州（美国西部）雪鸟滑雪场，讨论应对变化的好方法。开发者和项目经理对传统模型感到失望，他们希望改变 IT 的开发和实施，使其更具有灵活性。这次会议结束后，敏捷宣言诞生了❶。

---

❶ 《敏捷软件开发宣言》，敏捷宣言，2017 年 9 月 10 日，http://agilemanifesto.org/。

> 我认为在颠覆的时代一切都在发生变化，当然也包括HR，所以才有了与之前不同的人才合同。人们对于如何融入工作之中或者自己想从工作中得到什么，有着不同的看法。
>
> ——法比奥拉（Fabiola）

敏捷软件开发宣言

我们一直在实践中探寻更好的软件开发方法，身体力行的同时也在帮助他人。由此我们建立了如下价值观：

个体和互动 高于 流程和工具

工作的软件 高于 详尽的文档

客户合作 高于 合同谈判

响应变化 高于 遵循计划

也就是说，尽管右项有其价值，我们更重视左项的价值。

敏捷宣言遵循的原则

我们遵循以下原则：

1. 我们最重要的目标，是通过持续不断地及早交付有价值的软件使客户满意。

2. 欣然面对需求变化，即使在开发后期也一样。为了客户的竞争优势，敏捷过程掌控变化。

3. 经常地交付可工作的软件，相隔几星期或一两个月，倾向于采取较短的周期。

4. 业务人员和开发人员必须相互合作，项目中的每一天都不例外。

5. 激发个体的斗志，以他们为核心搭建项目。提供所需的环境和支援，辅以信任，从而达成目标。

6. 不论团队内外，传递信息效果最好、效率也最高的方式是面对面的交谈。

7. 可工作的软件是进度的首要度量标准。

8. 敏捷过程倡导可持续开发。责任人、开发人员和用户要能够共同维持其步调稳定延续。

9. 坚持不懈地追求技术的卓越和良好的设计,敏捷能力由此增强。

10. 以简洁为本,它是极力减少不必要工作量的艺术。

11. 最好的架构、需求和设计出自自组织团队。

12. 团队定期地反思如何能提高成效,并依此调整自身的举止表现。

敏捷宣言是所有敏捷原则和工具的起源。如果有疑问,你可以不断回顾宣言并从中获得指导。这就是为什么我们说"敏捷"本身不是一种方法、工具或者框架,它是一种思想,它的价值观和原则来源于敏捷宣言。

五、我们现在所需要的:敏捷原则

当我开始了解敏捷思想时,我立刻被它的价值观和原则吸引了。它对我而言很有意义,而且似乎是一种更好的工作方式。

这种思想的重点是通过持续不断地有价值的交付来满足客户需求。而且,重点在于关注组织中的人,而不是刻板和僵硬的流程。现在,IT公司和软件初创公司已经欣然接受了敏捷原则,不过其他行业和组织,还有待通过敏捷进行变革来开发巨大的潜力。这种思想将对组织管理和HR领域产生巨大的影响,尤其是在招聘、培训、激励、参与、薪酬、发展和绩效等方面。

> 很多人谈论敏捷HR。在德勤(Deloitte)、毕马威(KPMG)和类似公司的趋势列表中,它都榜上有名。虽然他们都在谈论敏捷HR,但是很少有人真正知道敏捷是什么。他们不理解敏捷HR是从哪里来的,为什么存在,以及它的背景和复杂性。谈论敏捷HR和重构是很容易的,但在实施上并非如此。
>
> ——瑞娜(Riina)

从工业时代过渡到知识时代，再到参与的时代，我们已经看到职场有了巨大的转变。但是进步的空间仍然很大。人们需要被赋予自由去创造和实践，以利于他们探索新观点和新高度。尽管有这样的必要，但管理层的许多基本思维仍然根植于弗雷德里克·泰勒的思想和旧式的工厂思维。为了在当今世界保持竞争力，企业的管理也需要与时俱进。

自上而下的等级式组织在今天的职场已经不再有效。设想整个公司都由远离一线工作的人员管理和控制，这是不切实际的。决策的权力需要授权给企业的所有部门，并且权力不能只属于最高层，它需要渗透到所有部门。

> 从长远的角度看，职场已经有所改变了，不过目前看上去还跟20年前一样。从敏捷的角度来看，改变的行动已经开始了，那些易于接受改变的组织将会蓬勃发展。
>
> ——比约恩（Björn）

最终，公司应该是由自我驱动的节点所组成的一个网络，而不是一个自上而下控制的组织。人们需要被赋予自由，他们在一定范围内展开行动，快速做出决定，与其他部门及客户实时地进行沟通。当员工每个问题或者想法都要请示经理时，相应的决策时间必然会变长。从本质上说，根据公司和行业的不同运营方式会有所不同，但公司的运行应该像一个网络，而不是一台机器——它总是在移动、变化，并适应外部世界、客户和环境。

现代HR部门需要采用"自下而上"的方法来促进有效的沟通，授权给员工，让他们更快地做出决定。远离官僚主义体系，简化运营、流程、系统、报告、清单，所节省的时间和精力，HR可以更好地促进团队内部的工作。试问，人们是否具备了以最佳方式工作所需的一切条件，可以更好地利用时间与公司内部其他部门进行沟通，确保合作的顺利进行？HR的目标是为员工创造一个良好的工作环境，为客户创造价值。

> 我一直强调打破 HR 固有的思维，因为事情最终就是会这样发展。每个人都在谈论我们遇到的困难，或者说某些事情不再适用了。但是，他们没有勇气或耐心说："好吧，让我们做出改变。"有简单的办法可以解决庞大的问题，但人们不能继续用旧的思维方式来解决问题。
>
> ——法比奥拉（Fabiola）

当快乐的员工服务于客户的时候，我们知道客户会更满意，并对我们的公司更忠实。我们也知道满意、忠实的客户能使公司利润更高。一家利润高的公司能够对员工进行再投资，也更有可能达到公司的长期目标并实现公司的愿景。如果管理层是明智的，大部分利润应该进行再投资，以便为员工参与和良好绩效提供所需的先决条件。

现代企业中另一个问题在于对项目的过度信任。公司应该摆脱基于项目的管理方法，也就是组成一个团队去完成一个具体的目标或者任务。团队中的成员往往互不相识，你很难期待一个新组成的团队在一开始就能表现得很好。团队成员需要时间，有时甚至是几年才能相互了解并找到一种有效的合作方式。如果你在项目结束时就解散了团队，那么你就永远无法从高绩效的团队合作中受益。

组织应该朝着创建稳定、高效的团队方向发展，这需要一定的时间。苏珊·惠兰（Susan Wheelan）（群体发展整合模型，Integrative Model of Group Development，或 IMGD）、布鲁斯·塔克曼（Bruce Tuchman）［规范期（Norming）、激荡期（Storming）、组建期（Forming）、执行期（Performing）模型］和威廉·舒茨（William Schutz）（基本人际关系取向模型，Fundamental Interpersonal Relations Orientation，或 FIRO），他们对团队发展和团队流程进行了广泛的研究。他们的研究表明，高绩效的团队会经历几个阶段才会达到绩效期。这部分内容在本书第八章会有详细介绍。

我们需要意识到：团队在公司内部自发形成时，往往表现得更好。这些团队应该受到鼓励，并对他们的产出予以奖励，他们应该保持忙碌的状态。如果团队需要在特定领域提高能力，那么这个能力可以在团队内部提升，或通过增加临时或永久人员到团队中，使团队变得可以跨越职能，团队能力也更加多样化。

HR 或者 IT 部门往往是单一维度的团队，他们在组织内服务于单一的职能。但是，这些部门应该根据职能的需要被打散，将具有不同专长的人分散到整个组织中。这样的策略能给团队带来更有深度和更新颖的观点。有很多种方法可以实现这样的策略，并且往往会形成一个矩阵式的组织。

例如，人才招募这样的任务可以由团队来执行，团队成员来自不同部门并且具有不同职能，每个成员都有独特的能力。营销人员在招聘员工时展现他们的吸引能力，招聘经理最了解企业内部所需的技能，HR 部门将通过人际关系技能来确保候选人与整个组织的良好匹配。而且，已有的团队成员应该一起来挑选新成员，而不是只有经理、HR 或者团队做出决定。每个人都可以参与其中，参与选择过程中的人越多，选出的新员工的素质就越好。

六、敏捷人力：从传统方式到敏捷方式

	传统方式	敏捷方式
流程	间断的 一刀切式 标准化 回应式 推动式	持续的 灵活处理 基于需要 主动式 拉动式
组织	机械式 个人精神	网络式 团队精神
领导力	管理制	员工制
人性的观点	消极的（X）	积极的（Y）
动机	外在的	内在的
反馈	很少	经常
HR 的角色	控制、实施标准	支持和指导组织级的敏捷

第二章
组织结构

"我们不能害怕改变。你可能觉得停留在你的小池塘里非常安全,但是如果你从不踏出舒适区去尝试,你将永远不会知道哪里有海洋,也见不到广阔的大海。紧紧抓住对你当前有益的东西,可能会导致你失去其他更好的选择。"

——乔伊·贝尔(C. JoyBell C)

敏捷企业的组织原则与传统企业是不同的。麻省理工学院管理学院（MIT School of Management）的道格拉斯·麦格雷戈（Douglas McGregor）著有《企业的人性面》（The Human Side of Enterprise）一书，他在 20 世纪 60 年代介绍了两种关于人类动机和管理的观点，他将这两种观点称为"人性 X 理论"和"人性 Y 理论"。这两种理论代表相反的员工激励理论和假设。虽然麦格雷戈的研究在组织学和人力资源界都受到高度重视，但在其他领域却不为人所知。

一、人性 X 理论和人性 Y 理论

在我的课程里，我借鉴了麦格雷戈的人性 X 理论和人性 Y 理论。这两个相反的观点考察了员工对于工作的态度、方向、责任、动机和创造力的整体设想。人性 X 理论的假设是，一般来说，人们不喜欢工作，他们需要被迫去工作；另一方面，人性 Y 理论认为，人们对自己的工作感兴趣，并在适当的条件下享受工作。

人性 X 理论：

- 人们不喜欢工作，认为工作很无聊，并且会尽可能地逃避。
- 必须强迫或诱导人们做出正确的努力。

- 人们宁愿被指挥，也不愿承担责任（他们逃避责任）。
- 人们的动力主要来自金钱和对工作稳定性的担忧。
- 大多数人们缺乏创造力——除非他们想要绕过规则。

人性 Y 理论：
- 人们需要工作，对工作充满兴趣，在适当的条件下他们会享受工作。
- 人们会朝着他们自己认可的目标前进。
- 人们在适当的条件下会寻求并承担责任。
- 人们在适当的条件下，渴望挖掘并实现自己的潜力。
- 创造性和独创性广泛分布，并且严重被低估。

大多数人更容易认同人性 Y 理论而不是 X 理论，这并不奇怪。然而，世界上仍然有很多人，特别是管理者，认为他们的员工属于人性 X 理论。按照这两个理论我们如何来区分组织里的人们是非常重要的，因为我们对其他人的看法塑造了我们自身的行为。行为是公司的动力，这就是为什么在评估一个组织的整体"特性"时它是一个重要的区别。

那么有没有一种可能，那些和人性 X 理论相关的特征，仅仅是对于这一类人的假设？假设这一类人有着某种特性，并且按照这种特性采取相应的行动。因此，当我们以某种方式对待他们时，他们就成为 X 类的人。如果让员工自己回答这个问题，99% 的人都会回答他们是 Y 类。那么，X 类人都去了哪里？

当一家公司从传统模式（之后会详细介绍）转变为敏捷模式时，对于人的看法也从 X 类到 Y 类有一个显著的思维转变。这种思维的转变对于增强企业人性化的一面至关重要。

> 大多数管理和 HR 的流程是建立在对人不信任的基础上。他们试图去控制每个人，确保人们做出正确的选择，而不是信任人们会做出正确的选择。
>
> ——瑞娜（Riina）

二、传统的企业结构

传统的企业组织结构很容易识别。它们可以追溯到命令和控制模型以及泰勒主义的时代，在今天的社会，传统的企业组织结构依旧十分常见。然而，随着企业逐渐发展以及结构的逐渐松散，人与人彼此之间的交流也变得更加自由。我们将会观察到企业从最结构化的组织到最开放的组织的演变。

> 事实上，我们面对的是有机系统，而不是单纯的机器。然而许多机构和组织都试图把管理或工作比喻成机器的运作，而不是比喻成有机系统。
> ——瑞娜（Riina）

三、层级组织（Hierarchical Organizations）

今天，大多数的组织在某种程度上都属于层级组织。层级组织采用的是单向——自上至下的筒仓方式，企业中的不同部门之间很少甚至没有相互的交流和合作，任何决定都是由上层做出，并通过指挥的链条在整个系统中执行，很多时候都没有讨论或考虑这些决策对团队队员或是客户的影响（如图 2-1）。通常，当

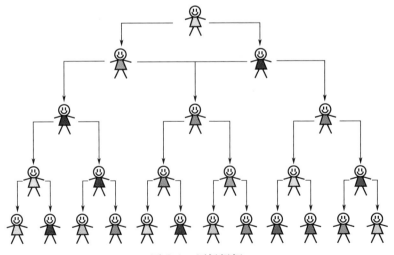

图 2-1　层级组织

公司规模扩大并且员工增加时,就会增加更多的层级。层层的官僚作风越多,快速做出决策或改变公司方向的机会就会越少,这就会导致灵活性变差,使层级组织不适合敏捷方法。

> 你需要评估人力资源职能被集中化的趋势。传统上,人力资源一直被视为成本因素,而不是创造价值的实体。我更希望人力资源的职能能够去中心化和跨职能。
>
> ——比约恩(Björn)

四、较扁平组织(Flatter Organizations)

较扁平组织和传统的层级组织很相似,但相对而言少了一些官僚作风。较扁平组织的指挥链条达到了最小化,所以任何决策可以更迅速地执行,整个企业可以进行通信、网络化和协作。这有助于消除工作障碍并且更自由地沟通(如图2-2)。较扁平化组织现在越来越受欢迎了,但我们必须知道并不是所有人都能从中受益。

在瑞典,领导者通常会将权力授权给员工,进一步扁平化组织结构,这种模式有时被称为"瑞典领导力模式"。

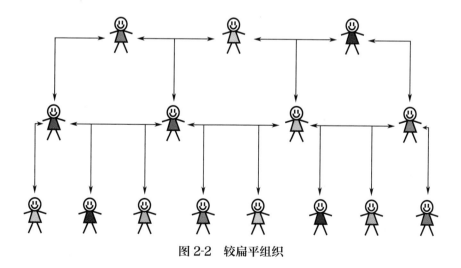

图2-2 较扁平组织

五、扁平组织（Flat Organizations）

完全扁平的组织属于社会中的异类：它没有管理阶层。这类企业代表着真正的网络，而它的员工有着完全决策的能力。这种结构经常能在科技公司、初创公司和少数的中型企业中看到（如图2-3）。

> 沟通是公司每个层面都需要完成的重要目标，包括虚拟的、面对面的，以及网络的沟通，这就需要你进行经常性的对话。组织中的非结构化、去中心化的沟通同样非常重要。我们可以观察到一个类似生物结构和响应的系统，它可以激发更好的沟通。
>
> ——瑞娜（Riina）

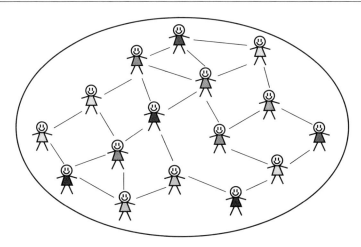

图2-3　扁平组织

在现代商业环境中，一些小型企业聘请员工却没有赋予他们特定的职位。举个例子，美国软件公司维尔福（Valve）就以这种方式聘用员工。新员工加入公司，为公司创造价值，至于在公司里做什么、担任什么角色，取决于他们对机会的把握以及他们将扮演的角色。

维尔福公司的招聘思想非常明确地表明，"当你给聪明有天分的人创造了自由，而不担心失败时，不可思议的事情就会发生。这一思想在维尔福公司的日常工作中也可以看到。事实上，我们公司的一些最好的建议就来自于我们最大的错误，而我们对此完全支持！"自 1996 年，这种思想帮助维尔福研发了屡获殊荣的游戏、前沿技术，以及一个开创性的社交娱乐平台。

在现实中，沟通是不可控的，它无法被一个组织的预定结构所决定。层级结构对沟通毫无影响。无论管理结构如何，人们还是会彼此交流并分享想法。组织可以在纸上以某种方式构建，但在现实中，沟通更像是网络状的流动。如果一个组织能够以某种更加接近其"真正"的运作方式来构建，它将遵循网络状方法，而不是机器的方法。

> 如果组织的一个或多个单元准备采用数字化业务运营模式，那么敏捷 HR 模式将非常适用于这些单元。在企业中，如果我们所从事的数字服务、数字业务以及技术研发都采用敏捷运营模式，不再采用过去的方式运作，那么这意味着你需要同时拥有一个工业化组织和一个敏捷组织。你需要敏捷 HR 提供相应的支持。
>
> ——瑞娜（Riina）

六、扁平且有层级组织（Flatarchies）

扁平且有层级组织并不完全是扁平化或层级分明，它属于两种结构的组合体。它就像是根据需要而改变形状的变形虫。在组织中，为了特定项目形成特定的分层结构或分组，然后解散，这种情况很普遍。同样的，组织也可以有着松散的分层结构，并在必要的时候展开，然后再返回其原本松散的分层结构。扁平且有层级组织是一个适应性的组织模型，有利于自由职业者的业务发展。尽管它可能是一种流动的方式，但确实需要在组织内部进行改变。对于那些寻求混合固定和松散两种结构的中型和大型企业来说，扁平且有层级组织是一个合适的组织模型（如图 2-4）。

> 我们看到许多组织有着混合结构，一些团队以敏捷模式运行，而其他团队则仍旧套用着层级模式，但这些模式都在逐渐消失。它们正朝着更有结构化的网络转型。
>
> ——法比奥拉（Fabiola）

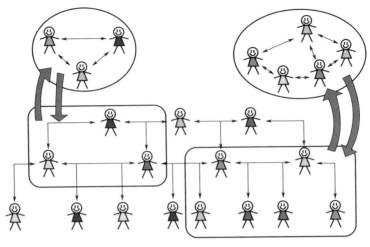

图 2-4　扁平且有层级组织

七、合弄制组织（Holacratic Organizations）

合弄制被认为是一种"无领导管理方式"，它将公司组织架构去中心化，将由人定义工作角色转变为围绕工作来定义，并且经常更新。合弄制基于圆形的层级结构，它提供了一套严格的原则来指导组织如何运作、如何展开会议以及如何处理紧急局势。其组织由不同圈子组成，每一个圈子包含几个没有任何头衔的人，每个人分担几个角色。上层圈子确定组织的方向、优先级和策略，而下层圈子则以透明和民主的方式运作和执行任务。

合弄制（Holacracy）成为一个众所皆知的概念，很大程度上要归功于美捷步（Zappos，B2C 网站）的实施。华裔首席执行官兼创始人谢家华（Tony Hsieh）在组织中实行了合弄制，而该组织之前是按照层级结构建立的。最初，许多管理层抗拒这种改变。谢家华决心要让合弄制实施下去，于是他向所有反对这种改变的人支付遣散费，让那些固执的人离开公司。合弄制是一个详细地定义每个圈子功能的模型，虽然它的结构在理论上相当松散，但在实践中它有固定的指导方针（如图 2-5）。

朝着扁平化、自我管理的转变可能是艰难的，特别是对于建立在不同原则上的大型组织而言。经过多次的反复试错后，美捷步和谢家华有效地实施了合弄制，但他们也同样面临不少美国国内的关注和棘手的问题。现在，从美捷步博客透露的信息来看，他们似乎已经渡过了这场风暴❶。

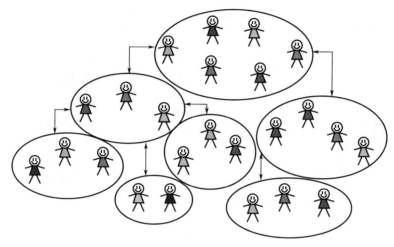

图 2-5　合弄制组织

八、组织 3.0（Organization 3.0）

组织 3.0 是一组描述现代组织特征的原则。组织 3.0 分布广泛，并且拥有小型的、互相连接的团队。团队往往具有企业家的精神，这意味着所有员工都允许像企业的所有者一样做事。即使公司规模很大，它也是由独立且有凝聚力的小型团队组成，并且能够比传统结构化的组织更快地适应环境（如图 2-6）。

未来的公司会具有高度的创新性和创造性。知识很快将会成为唯一的竞争优势，所以只有快速学习和具有适应能力的公司才能生存下来。更多女性将担任领导角色，讲故事将成为营销活动的核心重点，学习更是会变得可视化和民主化，存储将全部转移到云端储存，公司未来的重点也会从利润转向繁荣发展。

---

❶ "超越盒子"，美捷步（Zappos），2017 年 9 月 10 日，http://www.zappos.com/about/。

总体而言，员工将对自己在组织内的自我学习、成长以及行动负责，而不是等待来自上层的指令。随着公司不同方面的发展越来越重要，传统的员工或管理层的角色也会发生不可避免的改变。未来的公司将全面体现出敏捷原则和实践。

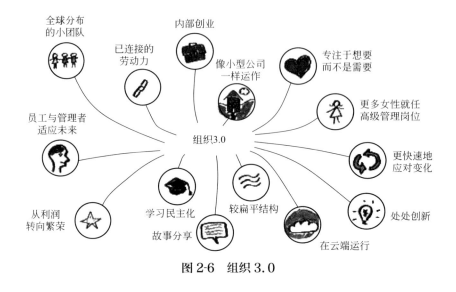

图 2-6　组织 3.0

> 我们不期望人们终生留在一家公司。如果他们能稳定工作一个季度，或者六个月，就已经很棒了。如果我们的员工每一天都可以向好的方向进步一点点，那么他们在公司里工作时为公司带来的影响将会非常巨大，我们无法量化这些改变带来的收益。我们做了一些计算来衡量这些变化，而结果是明显的。如果每个人都可以多稳定工作 30 天以上，那真的会使我们赚更多的钱。
>
> ——塞西莉亚（Cecilia）

一些知名企业已经采用了组织 3.0 和敏捷原则。数字音乐巨头声田（Spotify）就是一个很好的例子，它组织内的工程师文化既有目标又具有灵活性。声田制作了一个引人入胜的视频来讲解说明他们是如何有组织性地处理内部事务，以及更重要的是如何优先保持敏捷的❶。

---

❶ 克里·伯格，《声田的工程师文化》（第一部分），声田实验室，2014 年 9 月 20 日，https://labs.spotify.com/2014/03/27/spotify-engineering-culture-part-1/。

九、开放式参与组织（Open Participatory Organizations，OPO）

OPO 与之前提到的那些公司结构不同。它是一个新的范式。从本质上讲，它是一种价值的构成，可以帮助各种规模的公司采取去中心化的方法。OPO 不能为公司提供一个完整的固定的结构，但它是一种可以改变我们对组织的传统认知的工具。

OPO 的创始人博尼塔·罗伊是一名作家及顾问。她的信念是要以一种更好的方式工作和经营企业。在本书的附录，你会看到对博尼塔采访的部分内容，她谈到了改革的必要性，以及如何创造一种全新的工作思维方式。

十、结构—文化不匹配

在我作为顾问的二十多年里，很幸运能够与瑞典一些很大的国际组织合作，并从组织的内部观察它们。在多数情况下，这些组织都尝试创建过结构，并从内到外支持不同的业务部门。它们还试图通过大型知名咨询公司的帮助来创建所需的价值和框架，从而塑造一种全新的不同的文化。

负责创建组织的骨干和核心结构，以及企业文化和价值观的人力资源部门，与 CFO 和财务部门相比，往往被视为对组织成功的影响不太重要。人力资源部门负责的人员和组织发展是所谓的"软技能"，对于一个组织的成功而言，运用数据处理预算编制、季度财务目标等工作的人员被认为没有"数字"那么重要。这是不合逻辑的。由此可以看出，在组织中，对于哪些是真正重要和发挥作用的事情，还存在着很大的误解。

任何组织想要成功，都需要让文化（价值观和行为）与结构（方法、流程和系统）相匹配。否则，在你所说的话和所做的事之间就会产生混乱。

无论如何，如果你重视成功、金钱、地位、竞争力、团队合作、高目标、员工以及协作，就需要在你所要求的价值观和组成企业"运作方式"的不同的工具、流程和 IT 系统结构之间找到合适的匹配。不幸的是，我经常在大型企业看到这种不匹配。这就是我们通常所说的我们想要的和成功所需要的行为，与奖励和控制机制、流程和系统的行为并不匹配。相反，我们往往说一套，做一套。这里有些例子：

- 假设我们重视人与人之间的信任。然而信任与控制结构并没有完全匹配。如果你真的信任一个人，为什么需要透过每周或每月的、必需的详细报告来控制一个人？如果你信任某人，你可以给他提供成长所需的工具、能力和其他先决条件，给予他成功的潜力。然后，你就能放手，相信他能够完成工作。

- 想象一下，你公司的价值观是创造力和创新，然而却用结构化的详细的职位描述，介绍应该做什么和不应该做什么来限制员工。这不是一种为创新奠定基础的有效的方法。如果我们要使用职位描述角色，我们需要使其尽可能地广泛和灵活，当人们遇到他们感兴趣且充满热情的领域时，便能够超越自己原本的职务。这也是一种好办法，可以了解人们是否真正在自己当前的职位上得到了发展。只有当他们拥有自由的思考和行动，而不被烦琐的指示所限制时，你才能释放他们的创造力。

- 我们说合作是一个重要的组织价值观，而绩效框架却奖励个人表现。当多人合作很重要的时候，你需要奖励团队合作，而不是个人表现。如果有一个人可以在团队中因杰出表现而获得奖励，请让员工们决定谁应该获得最大的奖励。他们非常清楚谁付出了最多的努力，这类奖励个人的方法也将加强团队合作。

- 想象一下，组织希望员工和团队为了组织的更大利益而全身心地投入，但随后管理团队又给他们指定了数字的目标。如果你想要员工参与其中，就让他们参与创建自己的目标，并将他们自己的衡量标准与公司的整体目标联系起来。

- 假设平等是公司一个重要的价值主张，组织却提升某些人到更好的职位或给予他们更高的奖金。这时，不如在提名经理和给予奖励的过程中，让同级别的人参与进来。这样会将公司内部的竞争和社交痛苦降到最低。

- 如果说多样性对组织来说非常重要，但高层管理人员中却没有任何女性，那么广告宣传中不同的族群又在哪里？

- 也许组织重视绩效并希望员工展示出"正确"的行为。但是组织却在一个正式的绩效评价中,用一个固定从 1 到 5 的打分对员工进行奖励评定。"我的经理说我去年做得很好,但 5 分奖励没有了,所以我得到了 4 分"。这种模式会不会使员工变得散漫失去工作动力?

以上的这些情况都是相互矛盾的,在人们认为的组织价值观(所需的文化)和组织真正发生的事情(流程和结构)之间产生了不协调。这种影响是一种社会疼痛的感觉,就像身体上的疼痛一样有害而真实。而且,如果组织结构与期望的文化不一致,我们将无法拥有更愉快、更吸引人的工作氛围。

十一、思维的转变

大多数组织都有两种或两种以上前面描述过的组织结构,很少有一种"简洁"的组织结构。只要组织结构能够支持组织的目标,就是可以接受的。我希望看到更多组织有采用敏捷结构的趋势,因为我相信带有敏捷思想的组织价值观可以带来更好的绩效表现和更快乐的员工。

要使组织真正转型,就需要思维的巨大转变。我们之前引用麦格雷戈的 X 和 Y 理论时,就提到过这种思维的转变。从本质上来说,相互对立的理论代表了组织实现敏捷转型和保持竞争力的过程中所要发生的事情。公司需要从考虑利润转向考虑目标,需要从层级结构转变为网络结构。而管理需要从控制转为授权,从规划到实验,从保密到透明。

> 你不能再使用老式的工业规划的概念了,您需要适应迭代的工作方式。许多人误解了敏捷的意图,他们认为这是一种新型的办公室。而事实上,新型的办公室只是敏捷的一个推动因素。敏捷与计划无关,但也不是抛弃计划。是的,我们仍然需要计划,而且必须计划得更多,而且是迭代地做计划。这是一种不同的工作方式。对我来说,当许多人谈论敏捷而实际对它知之甚少的时候,这是非常令人恼火的事情。
>
> ——瑞娜(Riina)

这些转变需要在组织内总体地执行，通常由人力资源发起。作为组织的架构师，人力资源领导者担任了接受思维转变的职责。他们负责做出有关组织结构、变革管理和领导力发展的初步决策，他们为整个组织适应和接受这些转变奠定了基础。

每个组织都有着自己独特的方式转变到敏捷模式，这是可以理解的。不管怎样，更多传统结构的企业将根据自身独特的战略和愿景进行转变。他们或许需要承认一点："我们当前是朝向 X 理论的方向，而我们需要做些什么来实现敏捷的目标？需要哪些特定的角色和部门来实现愿景和交付价值呢？"

规模小的公司和初创公司可能已经制定了敏捷原则。小公司和初创公司主要的区别在于初创公司的决策一般都来自整个团队，他们会逐渐意识到他们需要人力资源部门的帮助才能更好地适应敏捷模式，这也意味着公司正向人力资源部门靠近。

团队控制不是管理需求。不管是内部还是外部，团队都在不断寻求解决各种问题的方案或是具有解决各种问题能力的人员。团队识别出重要的问题，由有能力的人员推动解决，这些最佳解决方案往往来自跨职能部门。

自组织是敏捷模式中的一个重要概念。对于那些处于传统思维方式的人来说，理解自组织的概念可能具有一定的挑战性。但自组织可以说是我们固有的动物本性的一部分。你是否注意到，当鸟类一起飞翔时会自行组织成群，鱼类在畅游时也会成群结队？

同样地，人类也倾向于有效地自我组织。在没有被告知要做什么，以及与谁分组的情况下，人们会自然地选择与谁合作以及做什么工作，特别是当他们有明确目的时更会如此。自组织团队形成的唯一先决条件是清晰的目标和基本而简单的价值观，这些价值观可能是从团队的管理者获得，也可能是在自我发展中形成的。

公司的组织结构和整体思维将直接影响到在其中工作的每一个人。为了鼓励员工能够分享他们最好的解决方案和想法，有必要给他们探索的自由，允许自组织可以创建一个成熟的环境，让人们从特定的敏捷方法和工具中受益。

此外，在敏捷组织中，人力资源部门的角色就像组织的思维方式一样，必须转变。为了使敏捷模式可以更有效地运作，公司结构和文化的匹配就显得非常重要。如果不采取正确的方法，人力资源的部门负责人有可能会阻碍敏捷模式的进步。

> 在人力资源部门，我们甚至比业务部门更具复杂性，因为我们处理的是人的系统，有关变化、适应和迭代推进的事情。而且即使我们已经尝试过许多不同的措施，有些工作可能仍没有取得真正的效果，而这些都在告诉我们，是时候做出改变了。
>
> ——瑞娜（Riina）

十二、为什么 HR 需要推动敏捷的转型

我们发现那些向更敏捷、更灵活转变的公司，能够快速变化并适应不断转变的环境。而那些未能成功转型的组织将会慢慢变羸弱并且走向消亡，而转向新文化和新结构的组织，将会更适应当今和未来的经济需求，能够生存下来并蓬勃发展。

中小型公司可以很轻易地应付这种转变，因为它们自上而下的结构会较少地阻碍员工发挥潜力。我们知道一个公司越大，它就越复杂，其系统、流程和结构都无法轻易被改变。虽然你可以尝试改变公司的其中一个部门（通常是职能性的），但问题仍然存在。由于所有部门都是相互依赖的关系，促使那些尝试改变的部门通常会被迫放弃调整，并返回到旧的结构中。

但在大多数大型组织中有一个职能部门，能够在调整的同时影响其他部门，而不是被影响，它就是人力资源部门。在大多数公司中，这个部门掌控着：

- 领导力规划和发展。
- 更换管理层。
- 组织发展。

- 员工参与感和人才留任。
- 人员发展和学习。
- 奖励策略和奖金制度。
- 人才招聘。
- 长期人力资源管理。

所有上述领域都贯穿了整个组织，所以人力资源部门具有能够支持或阻碍未来组织转向敏捷的能力。这种能力取决于人力资源如何使用流程和计划，流程和计划既可以限制员工绩效和降低员工参与度，也可以优化员工绩效和提升员工满意度。

有人批评人力资源部门是组织的警察，原本应该提升绩效和员工参与度的流程，反而阻碍了绩效和员工参与度的增长，这种情况需要改变。如果把组织比喻成一辆汽车，那么HR这个部门坐在后座上太久了，现在是HR应该挺身而出承担变革责任的时刻了。

变革完全取决于人、人们的关系，以及人们生活和工作的系统。如果HR能为组织提供正确的先决条件，组织中的其他环节就会更加容易推进。

需要接受管理的是组织的系统，而不是人。因此，不需要再做更多的事情或执着于实现某些困难的框架、方法和模型。我们需要学习的是如何为公司/组织提供正确的结构，让员工可以为公司尽最大的努力工作，这种最佳的方式都是在公司反复试错的道路上形成的。前进的唯一途径就是持续地学习，那些学得比别人快的公司终将成为赢家。

人力资源部门要有能力设计一个这样的结构：要么使创造和创新变得更加容易，要么可以支持人们创造更好的绩效。如果人力资源部门依然坚持旧的传统方法，后果将是僵化的，组织的进步将会被束缚在无效的系统和流程上。

人力资源可以支持或阻碍组织向敏捷组织的转变，这就是为什么人力资源部门需要首先行动起来的原因！通过提供不同的结构和关注客户价值而不是规则，

HR 可以引领组织进行变革，这是其他部门无法做到的。

作为本书的贡献者之一，莱拉是雪花软件的员工，她是公司文化沟通工作的负责人。以下是她对改变历程的描述。

> 我们处在一个有趣的阶段，可以看到什么是全球性的，什么是本地性的。那么，如何确保我们在整个世界范围内拥有自我领导的能力呢？
>
> 我们在不同的国家和区域都聘用具有本地地域性与文化特色的工作人员。我的团队是公司中最大的团队之一，团队中有两只小团队，采用跨职能和站立会议的方式工作。我们会定期碰面并讨论不同的会议主题，具体问题的讨论取决于谁将参与到会中。同时，我们还会根据每周都会发生变化的环境来同步并重新定位自己的方向。
>
> 我们的战略是掌握全局。因此，我们注重信息透明度和实时的沟通，以便根据业务的需求快速地适应变化。我们创造了一个能够释放每个人潜在能力的协作环境，让大家一起努力实现我们的公司愿景。这对我们如何组织会议以及如何合作都产生了不同的要求，因为我们真的需要跨界人才的合作来完成工作。
>
> ——莱拉（Leila）

十三、组织结构：从传统方式到敏捷方式

传统方式	敏捷方式
自上而下	自下而上和自上而下
通过管理层进行沟通	彼此自由沟通
机器式比喻	网络式比喻
复杂的官僚制度	保持简单
项目制	稳定的团队
职能团队	跨职能团队
由管理层决策	每个人都参与决策
中心化控制	信任当地差异
人性 X 理论	人性 Y 理论

第三章
现代敏捷

"事情应该力求简单,不过不能过于简化。"

——爱因斯坦(Einstein)

最初的敏捷宣言诞生于 2001 年。尽管它的四个核心原则至今仍然适用，但它的思想随着时间的推移在不断发展。"敏捷"的本质是忠于变化，不断适应环境，以便在当前的工作场所中保持工作的可行性和相关性。

根据敏捷咨询公司——工业逻辑（Industrial Logic）的 CEO 约书亚·克里夫斯基（Joshua Kerievsky）的观点："敏捷宣言在第一次起草时非常棒。它经久不衰，是我们历史杰出的一部分，不过它应该光荣退休了。"[1]比如说，敏捷并不是只适用于技术部门。现在，很多敏捷原则适用于一个完整的组织。

敏捷宣言的四个核心原则是：

- 个体和互动 高于 流程和工具。
- 工作的软件 高于 详尽的文档。
- 客户合作 高于 合同谈判。
- 响应变化 高于 遵循计划。

---

[1] 约书亚·克里夫斯基，工业逻辑，2017 年 9 月 10 日，https://www.industriallogic.com/people/joshua/。

克里夫斯基列举了原来四大核心原则的局限性。具体而言，他认为敏捷宣言没有考虑项目的整个生态系统，只鼓励了员工不断实验，号召大家培养一个健康和充满活力的工作环境。

每个企业的最终目标都是持续地交付价值，而不是只与软件有关。根据这个目标，克里夫斯基为现代敏捷提出了四条新原则（如图3-1）：

- 让人们出类拔萃。
- 以安全为前提。
- 快速实验和学习。
- 持续交付价值。

图 3-1　克里夫斯基提出的现代敏捷新原则

新的原则可以更好地适应于整个组织，它们能更加具体地应对目前组织所面临的挑战，更具有包容性。"让人们出类拔萃"并不只适用于客户，也适用于整个生态系统中的每个人：员工、供应商、销售商、投资者、所有者和合作伙伴。新的原则还包括所有利益相关者，他们参与设计、创新、开发、购买、销售和宣传的过程，并为产品或服务提供资金。在生态系统中，每个人都有其价值，每个人都要在巅峰的状态下发挥自己的作用。

"以安全为前提"意味着创造一种安全的文化，以帮助员工释放高绩效的行为。因为恐惧是创造力最大的障碍。这个想法是为了创造一个让人们感到足够安全的环境，可以提出大胆的建议，说出他们的想法，并且在不受审判或惩罚的条件下进行实验，而心理和身体安全的环境是绩效和员工增加参与感的先决条件。

> 对于组织中的所有员工来说，创建一个安全的环境很关键。当你创造了一个安全的环境，你的大脑将有很多能量让你进行创新思维。例如，在遇到困难的时候，我们如何接近彼此，这涉及更深、更多的心理问题。比较而言，办公室的空气怎么样，办公室看起来怎么样等，都是小事情。
>
> ——莱拉（Leila）

很多企业现在办公环境相对复杂。员工害怕说出他们的想法或者分享他们的观点，害怕受到惩罚。更糟的是，他们害怕打破常规，担心遇到问题的时候会被同事背叛。因而组织内部恐惧的文化需要被废除，然后大家才会有精力和头脑去关心真正重要的事情，那就是创造力。

敏捷社区多年来一直在实践"快速实验和学习"。这是一种行为，鼓励人们冒险并从错误中学习。很多时候，错误能引导出新的发明或创造。如果我们从来不去尝试，那么就永远不会有新的经验。

"持续交付价值"要求把工作分解成更小的单位，更小的单位便意味着更快地创造价值，尽早提交给客户。这也许需要员工学习新的做事方法，其方法的核心思想是关注产出的结果，找到获得优异成果的最佳方法，这在本质上对敏捷宣言进行了现代解释❶。

敏捷原则最重要的方面是概括出了当前公司应该遵守的规则，它就像一座灯塔，提供指引，照亮道路。实践和融入的敏捷原则越多，公司的运作就会越好。

但是敏捷原则在不同的公司会有不固定的处方或者实施方法，不同公司的最佳解决方案也不会相同。但是这些原则可以在一定程度上适用于给定的场景。有

---

❶ 克里斯蒂娜·卡多萨，《敏捷2016：敏捷过时了，我们需要让它更现代》，软件开发时代，2016年7月27日，http://sdtimes.com/Agile-2016-Agile-old-need-make-modern/。

很多敏捷工具可以让这些原则得到应用，我会在接下来的几个章节详细讨论，读者也可以在书的最后看到敏捷原则和工具的清单。

一、HR 的新角色

> 我们选择不再单纯地称呼自己为人力资源。因为这个词已无法全面反映我们实际创造的价值。我们正从人力资源过渡到对人的培养。
>
> ——莱拉（Leila）

尽管敏捷的思想可以而且应该跨部门应用，但是它真正的推动力应该来自人力资源。人力资源部门是组织的架构师，他们的领导者需要掌握主动权。他们需要引领组织从传统管理转变到敏捷实践，以便公司在当前和未来的业务环境中做好竞争的准备。

> 不要去效仿德勤（Deloitte）或其他大公司，它们以不同的标杆为基准在做同样的事情。你必须做你自己，为公司的利益而创新。我喜欢人力资源在不同的公司以完全不同的方式工作，每个公司的人力资源部都需要按照自己的需求量身定做。
>
> ——瑞娜（Riina）

当 HR 经理坚持传统的工作、学习、发展和计划方式时，他们就大大降低了改变的可能性。这些公司仍旧停留在僵化的旧范式中，或者更糟，他们会被市场上速度更快、规模更小的公司取代或超越。又或者，如果人力资源部门转向专注于客户价值的新结构，而不是只关注规则和政策，他们将能够以其他部门无法做到的方式引导公司进行变革。

随着变化速度的加快和竞争的加剧，敏捷的重要性也增加了，轻快灵活的公司比老旧沉重的、多层规则的公司更有机会生存。这一不乐观的现实正在帮助更多的公司理解敏捷组织的价值。

> 我尽量不谈论人力资源流程。我并不是总能达成目的，但是我会尽量尝试。基本上，在过去的三年，我们都选择了需要我们关注和创造的领域。我们清晰地与企业沟通并说明："今年我们会做的工作，例如 XYZ。"
>
> ——塞西莉亚（Cecilia）

> 我试图将焦点从人力资源流程转移到从用户角度思考。这里所说的我们的用户就是公司员工。当然，在这段旅程中还有很多地方可以改进，但我们一直在努力给大家创造更好的体验。
>
> ——莱拉（Leila）

人力资源部门往往是传统的，他们的流程通常缓慢且不太奏效。"流程"一词本身是控制的代名词。然而，人力资源部门的某些职能纯粹是事务性或行政性的。比如支付工资这类具体的任务，可能需要严格的流程。这种流程如果不能正常工作，员工就会感到不安。但是，想要更好或更差地完成支付的流程也是困难的——因为这个流程中只有完成和不完成。

> 如果我们有一个流程，但在企业中实施的时候没有人使用，那么这个流程存在吗？我认为不存在。它在文档中存在，在 PPT 中展示过，但是在现实中不存在。
>
> ——瑞娜（Riina）

另外，需要创新的工作——如绩效管理、设定目标、能力培养或者学习——这些都需要随着环境的变化而变化。绩效管理和学习都不适用于放到一个流程中，这就是 HR 经理需要转变思维的地方。如果一个企业需要改变和适应客户新的需要，固定的流程往往不能解决问题。传统的年度绩效目标和评级通常与敏捷计划和目标完全不同步，特别是敏捷 IT 团队所需要的动态性，会与组织内部产生冲突。

因此，人力资源面临的挑战是如何适应更具灵活性和自主权的制度和原则。敏捷不是一种可以"实施"的方法或公式，"它是一种思想、一种思维方式，以及一系列的原则和价值观，围绕着组织如何在一个复杂多变的世界中进行运作"。由此，成功的关键在于组织具备适应变化的能力。

> 有些行业发展得非常迅速，已经开始变得更加敏捷，所以在人力资源领域，你只需要知道如何支持企业的发展。比如，物联网正在高速发展，如果你没有数字服务来支持发展所需要的灯具、电缆、屋顶或者天线等，你就立刻被淘汰了。
> ——瑞娜（Riina）

敏捷的许多方法都来源于敏捷宣言和与之相关的原则。它们建立在短周期上，涉及频繁的交付，不断给予反馈和贯穿始终的协作。通过这种方式，产品和服务变得更符合客户的需要，而不必要的工作被降低到最少。

今天经营一家企业更多需要的是关于人员、团队和关系，而不是流程。同时，决策有去中心化的趋势，这种趋势通过跨职能、自组织的团队表现出来。

原则上讲，要让最接近信息、对这个问题最了解的人做出决策，他们具有最强的能力和洞察力，因此应该授权他们运用知识进行处理。

当团队成员自主性更高时，他们也更有动力，而有动力的成员会组成高绩效的团队，使自己不断学习和超越。在一个可持续的系统中，工作既是挑战也是回报，团队成员每天都有机会超越自我。因此，团队能不断地调整自己的行为，更加有效地开展工作。

二、敏捷 HR

> 在真正的敏捷企业中，HR 是否具有至关重要的作用和需求？
> ——莱拉（Leila）

人力资源的角色正从行政职能转变为具有较高价值的内部战略的贡献者。传统的 HR 关注实施规则、政策和控制，现在新的重点是关注速度和内部客户。

HR 应该培养灵活性、适应性和创新能力，以支持管理层和员工。我们的目标是帮助人们更好地胜任自己的工作，更好地相互协作，更快地做出贴近客户的决策。

> HR 的工作是制定规则、工具和流程，告诉企业里的每个人应该怎样做事。如果 HR 提供一个可以清晰如菜单的东西会更好："亲爱的领导，如果你想要帮助员工成长，你需要这样做，并围绕这一点展开对话。"
>
> ——塞西莉亚（Ceilia）

敏捷 HR 宣言是从上一章介绍的敏捷 IT 宣言中衍生而来的[1]。

敏捷 HR 宣言

我们正在寻找更好的方法来培养一种积极参与的工作文化。

身体力行的同时也帮助他人这样做。通过这项工作，我们认识到：

　　　　协作网络 高于 层级结构

　　　　透明度 高于 保密

　　　　适应性 高于 规定性

　　　　启发和参与 高于 管理和留任

　　　　内在动机 高于 外在奖励

　　　　志向 高于 责任

也就是说，尽管右项有其价值，但我们更重视左项的价值。

可以从两个角度来看待敏捷 HR：人力资源应该怎样在内部运作以及人力资源应该为业务提供什么。我们将在后面的章节中深入讨论这些流程和实践。由于人力资源是企业内部的驱动力量，因此重点应该是通过跨越所有领域的对个人和

---

[1]《敏捷 HR 发展宣言》，敏捷 HR 宣言，2017 年 9 月 10 日，http:// www.agilehrmanifesto.org/。

团队的培养，创造更好的工作场所。它的诀窍是从小处做起，保持简单。

> HR必须摆脱所有非核心竞争力的东西，摆脱像人力资源行政这样的工作。工资可以由财务来完成，他们也一直在处理工资的支付。法务人员应该处理法律文书，而人力资源更需要关注的是企业中的人。
>
> ——法比奥拉（Fabiola）

三、HR：从传统方式到敏捷方式

传统方式	敏捷方式
制定规章制度和标准	支持灵活性、速度和协作
交付给客户流程和计划	让客户参与到交付过程中
HR专家，HR通才，或者HR行政人员	T型HR人才，可以承担不同的角色
个人工作	团队合作（跨职能）
HR职能或专业领域	基于"价值流"的HR
工作和职位	可以承担不同的角色
HR项目	稳定的高绩效团队
升职和奖金计划	工资规则和利润分享（与绩效相关）
一刀切式	灵活处理
HR固定的模式	不断实验
人性X理论	人性Y理论

第四章
绩效管理

"绩效管理并没有死亡,死亡的是古老的观念。"

——安妮塔·鲍内斯(Anita Bowness)

2011 年，全球领先的人才管理公司贝新联合咨询公司（Bersin & Associates）开发了一个绩效管理框架，供全球人力资源专业人士使用。在整体上，它相当复杂。在此，我选择其中有关达成公司目标所需的几个关键点来介绍。

一、新的绩效管理策略

贝新公司的框架有四个核心支柱或持续的活动以改善员工的绩效。

- 设定及调整目标。
- 发展规划。
- 领导、管理和教练。
- 跟进。

四个支柱，每一个都同等重要，但它们的出现和实现方式因公司而异。最佳的方法取决于一家公司所处的经营阶段、公司环境和文化，以及哪种绩效管理策略最适合它。

第一步，设定目标（将业务目标和发展目标结合起来是一个好主意），这是我们已经熟悉的领域。在绩效管理方面，要考虑你需要学习什么，或者实现这些业务目标需要哪些能力，然后制订一个计划来实现它。日常活动应该支持对目标的追求，并且管理层应该在需要的时候支持和指导员工。

达成目标需要多久呢？在多数情况下，答案是不确定的，可能需要花上两星期、两个月，但也可能需要花上两年，这取决于目标的性质。在大多数情况下，最好设立很多小的目标，以它们来支持大的目标。而且允许公司或团队在出现问题时轻松地更改路线。当目标被分割成更小的部分时，在达成目标的过程中更容易采取纠正措施。

HR 的角色是领导、管理和教练。当目标达成时，这种循环又会重新开始。这个过程将完全遵循 Scrum（一种敏捷框架）的方式，我们会在第十二章中继续讨论这个问题。员工会根据产品待办事项列表（按照优先级排序的动态清单，Product Backlog）挑选最有价值的部分来实现，创建"用户故事"或者"史诗故事"（Epic，史诗故事包含若干个用户故事），并且设定一个冲刺目标，然后努力实现这个目标，并在过程中不断地调整优先级，然后与团队一起回顾结果。

在绩效管理流程中的后续阶段，管理者会分享并庆祝成功（相当于冲刺回顾）。在这个阶段中，员工和管理者会重新评估自己和规划未来。然后，再次踏上跑道，在每一次冲刺中积累更多的经验和知识。

对于一个多年使用传统绩效方法的组织来说，使用上述绩效管理的方法只是朝着更加敏捷的方向迈出的第一步。在更现代的组织中，你可能希望直接使用更敏捷的方法，例如 OKRs（目标与关键成果法，请参见第五章）。

案例研究：沃尔沃

几年前，我为沃尔沃公司提供咨询，负责企业绩效管理框架的开发。这家公司有很好的绩效管理战略。它很传统，但是公司试图变得更有创新能力和更加敏捷。

在沃尔沃汽车公司，我们建立了一个新的绩效管理框架，并着眼于全局引入了一个扩展绩效的概念。该方案超越了目标的发展，它包含了一些新的工作方式，例如目标设定、创造绩效和持续学习的先决条件，以及员工培养等，以助于提升绩效。

我们组建了一个跨职能的项目团队，该团队跨越两个部门运作：人才管理、薪酬与福利。这是一种让人力资源团队内部变得更加敏捷、灵活和适应性强的方式，而不是在他们所习惯的狭窄、受限的职能部门中工作。

沃尔沃的旧方法没有考虑到个人或团队层面的绩效提升和成长机会。管理者也因此遭受了损失，因为他们没有相关的控制流程。HR 设定了合规要求，并在步骤完成时勾选复选框。总之，沃尔沃的整个流程与该公司渴望实现的更灵活、更授权的企业文化并不相符。

由于采用了整合的方式，在引入新的绩效管理框架后，沃尔沃的管理人员现在可以全年关注正在进行的绩效活动。正如贝新框架所建议的那样，新的重点是授权、指导、反馈和持续改进。

在沃尔沃，我们明确人力资源部门不应该控制管理者和员工从事绩效管理工作的细节。尤其是在一家拥有二万三千名员工的公司，不可能有一种"一刀切式"的方法适用于所有人。新的绩效框架需要分解到局部，并适应具体部门或者业务单元的需要。因此，总体的建议要非常"松散"，包括目标设置、绩效和发展的指导原则，它不是僵化的规则和详细的流程。这使得每个管理者都有更多的自由来决定如何应对绩效的挑战。因此新的绩效管理框架不是指导绩效应该如何执行，而是通过工具箱提供参考和指南来改进工作方式，为管理者和员工创造执行的先决条件。

> 人力资源部门做出的最大改变是取消了绩效考核。取而代之的是，我们现在有了一个全新的、由员工自我驱动的绩效评估体系。我们提供工具和方法给员工使用，以管理和提高员工自身的绩效。
>
> ——塞西莉亚（Cecilia）

在沃尔沃汽车公司，我为各个级别的管理团队做演讲，从一线的工厂管理人员那里收集信息。我有一个演讲是关于"沃尔沃的新管理框架"，当时，有位工厂的管理者说："多年以来，我一直穿着童鞋走路。现在，在沃尔沃的漫长职业生涯中，我第一次觉得自己可以脱下童鞋，穿上成人的鞋了。我终于可以承担起管理者的责任，而不是在人力资源的监督下进行了。谢谢你！"

二、更好的绩效评估

人才和绩效管理包括促进企业内人员工作的所有流程。我们已经讨论了一些属于人力资源范畴的核心要素，但是完整的员工生命周期包括：

- 招聘。
- 设定个人和团队目标。
- 人力资源规划。
- 职业发展（继任管理）。
- 能力管理与学习。
- 薪酬与福利。
- 领导力与管理。

现在越来越多的公司开始理解工作环境和保持心理平衡之间的联系，传统的绩效管理系统也被证明会降低绩效。许多传统的绩效管理系统都是建立在一个评分系统之上的，在这个系统中，对员工的表现按照从 1 到 5 评分，或者使用其他一些类似的评估标准，这种系统在几个层面上是存在问题的。

> 我的观点是传统的绩效评估对员工没有帮助，而且公司在这上面花了太多时间。年初，一家跨国公司正在进行绩效评估，我与他们进行了交流。绩效评估使得公司生产完全停止，这是一个危险的过程，损害了公司的盈利能力。而且传统的绩效评估，会改变公司的收入吗？我相信不会。它只是用了一种非常老式和工业化的方式。
>
> ——塞西莉亚（Cecilia）

最近神经领导力研究所（Neuro-Leadership Institute，NLI）研究了绩效评价和绩效之间的关系，组织的发言人表示：

自2011年起，我们一直在密切研究这一趋势。当客户告诉我们，我们对动机和大脑的研究是如何解释标准绩效考核的失败时，我们对这个话题的兴趣就被激发了。

简而言之，我们发现社会化的威胁和奖励，如一个人的地位感或者公平感，能够激活大脑中的反应系统。这就解释了为什么人们会对评分有很强烈的反应，对此，我们研究出了更好的设计绩效评估的方法❶。

在评估绩效时，要更多地关注优点而不是缺点。最佳的表扬与批评的比例是5∶1，这个比例是基于经验的数据，而对于幸福婚姻的研究也显示出了同样的比例。

传统绩效评分的一个问题是将实现固定的绩效目标与奖励联系在一起。当目标与金钱或地位相联系时，就会出现"沙袋效应"，即人们设定较低的目标，以便更容易实现（获得奖金依赖于实现目标），而管理层则要求较高的目标。

在传统系统中，只有最高分的人才会满意。平均分或者低于平均分的人，也就是70%的人都不会满意。每个人都认为自己的工作表现略高于平均水平，因此，当被告知并非如此时，他们在评估后的6个月内就会变得缺乏动力和散漫，他们的表现比绩效评价之前更差，即使是那些得到最高评价的员工，在评估后的两个月里，工作效率也会降低。

那些在绩效评价中得到高分的幸运儿往往能够得到奖励，通常是以奖金的形式获得。其次，奖金会在组织内滋生不良行为。他们创造了一种假设，开始人们期望得到奖励，而很快他们就会觉得自己应该得到奖励。如果他们得不到预期的

---

❶ 大卫·洛克，贝丝·琼斯，《为什么越来越多的公司正在抛弃绩效评级》，《哈佛商业评论》，2015年9月8日，https://hbr.org/2015/09/why-more-and-more-companies-are-ditching-performance-ratings。

奖励，他们就会失去动力。因此，通过奖励来提高绩效的整个意图实际上是搬起石头砸自己的脚。

同时，奖金体系往往鼓励自我优化，人们将自己的目标置于团队或企业的目标之上，计分卡和评价会创造不健康的竞争环境，而合作和团队协作也不再是最高优先事项。

另外，分数和评价会让动力被局部优化。人们努力工作，直到达到自己的目标。他们得到了奖励，觉得不必再非常努力地工作——至少在下一次绩效评价周期到来之前是这样（通常是在一年之后）。由此可见，组织并没有奖励持续的努力工作，而是奖励懒惰和自满。

因此，当绩效目标是固定的且与奖金挂钩时，工作的唯一动力就是得到奖金，而不是其他的。但我们需要人们长期努力去实现目标，去取得持续的进步，而不仅仅是为了得到奖金。

传统的绩效管理会导致人们关注错误的事情。当人们得到承诺，如果他们实现了 X、Y 和 Z 时会获得某种奖励，那么，目标就变得僵化。而目标很难改变，因为它与员工的财务状况直接相关。如果市场发生了外部变化，或者某人有了新的发现，很难改变目标的组织将陷入困境。因此奖金制度越个性化，对团队的损害就越大，因为它将人们隔离开来，只鼓励和表扬少数人。

年度绩效考核除了对员工造成心理伤害之外，还有一些其他的消极影响需要加以权衡：

- 没人喜欢，不管是员工还是管理者。
- 往往将太多重要的数据压缩到一次对话中：薪酬、绩效、目标、指标和发展。
- 过于重视过去一年的表现以及错误，而不是展望未来和进行改进。
- 缺乏主动性：对话应该以想法和改进为中心，不是评价过去，也没人能改变过去。
- 管理者是评估员工绩效的最佳人选吗？一年中管理者是否参与了所有的个

人和团队活动？管理者能否给予公正和准确的评估？团队成员或客户的反馈可能是更好的绩效晴雨表。

- 当对话开始时，其实已经太晚了，已无法改变或取消过去发生的错误。这样的时机毫无意义。
- 此外，当你对一整年的绩效进行评估时，你往往会忘记年初的成绩，并且只关注与讨论最近的表现。谁能记得当年 1 月份发生了什么呢？

传统的绩效考核制度过时了，它不利于提高员工的士气。它建立在员工只受经济利益驱动的假设之上，没有考虑生活质量、团队合作的友情、接受挑战时的精神激励、对公司目标的热情，也没有考虑任何层面的学习回报。

传统的绩效考核制度还建立在一种错误的互动之上，即只有一个人——管理者有能力恰当地评估和判断员工的贡献，并监督员工的个人发展。但是，谁会比员工自己更了解如何完成工作呢？

此外，没有"一刀切"式的员工评估工具，同样的体系并不适合每个人，对员工表现的评估很可能取决于公司业绩，但是一个人很难去影响整个公司的表现，一个人的关系、现况、时机和个人价值都会在工作表现中起作用。而管理层很容易忽视这些，他们往往把公司视为一台机器，认为只要把合适的零件拼在一起就能完美运作。有时，他们会给机器加一点润滑油，或者做团队建设，让事情运行得更顺利。如图 4-1，我们可以做些什么呢？

图 4-1　我们可以做些什么呢？

管理者可以做些什么来代替每年一次的过时的绩效考核对话呢？以下是一些

建议：

- 进行非批判性的、开诚布公的谈话。
- 让除管理者以外的其他人也参与评价员工的绩效，并贯穿整个谈话。
- 不要将奖励或工资直接与反馈对话挂钩。
- 关注于未来的进步，而不是评判过去。
- 全年分几次进行谈话，而不是最后进行一次较长的对话。
- 根据公司的文化向团员或成员进行展示。
- 允许员工决定谈话的结构或事项列表。
- 让谈话与团队的回顾相关，如果可能，让员工评价他们对每次冲刺的个人贡献。
- 不要将谈话叫作绩效考核或评价，叫反馈或者改进对话会好很多。

三、敏捷绩效的趋势

当公司采用敏捷价值观时，他们会用新的、更有效的方法去评估绩效。最重要的是，要认识到动机和动力是来自于个人的，而不是来自评估表上的星星标记或者红色的 F 字母（通常美国学校使用字母定义成绩，F 代表失败 Failed）。团队要对他们的集体工作负责，因为没有一个人可以一手包办完成整个公司的工作，而更短、更频繁的反馈周期可以提高效能和激励员工。

彼得·安特曼（Peter Antman）是一名来自瑞典声田公司的知名敏捷教练，他主张公司应该停止进行绩效考核。在他的《打倒金字塔》一书中，安特曼介绍了更好的方法。他说管理者不应该等到年底才跟员工谈论绩效问题，他们应该经常见面，甚至每天都跟员工聊一聊。沟通应该是按需进行的，而不是根据过时的时间表进行，那样做没人会受益。

而且，安特曼指出，管理者应该经常鼓励员工进行频繁的、非正式的、非评价性的互动，并强调承担责任的重要性。员工也要理解：如果他们需要什么，或者有问题或想法时，他们应该说出来与大家分享。当你创造一个安全的环境，支持沟通、交流和创新，大家就会更有动力前进。最重要的是，安特曼指出不要再用"绩效管理"这样的说法，这只会让大家有抵触情绪。

> 摆脱传统的绩效评估？敏捷的工作方式可以解决这个问题。如果你安排一个计划会议，可以分享你的故事。如果你有多个团队，例如使用规模化敏捷框架（SAFe, Scaled Agile Framework），那么项目群增量计划（PI 计划，Program Increment Planning）就会处理这个问题。反馈和绩效发展以及所有与之相关的事都是通过这些方式来处理的，我们与员工的互动是分别进行的，这样他们就不受评估的影响。
>
> ——法比奥拉（Fabiola）

持续对话的价值是不可估量的。一位在瑞典斯堪尼亚（Scania）公司工作的精益顾问与我分享了一个故事，很好地说明了频繁沟通的力量。

在斯堪尼亚公司，这位顾问指导的一位经理告诉她，自己每周跟员工进行15分钟一对一的谈话。她问为什么要这么做，经理解释说："现在一切都变化得很快，绩效评估和发展不能等到每年只进行一次。现在我们一年进行三十次谈话，这对大家都有好处。"

精益顾问说："为什么对大家都有好处？你一定花了很多时间。30乘以15分钟等于每个员工一年要花费7个半小时的时间，而不是过去的2个小时。对我来说，这听起来不是最有效率的方法。"精益顾问通常会寻找节省时间的方法，他们并不是总考虑一个行为或流程的非线性效应。

经理回答说："我没有从时间效率的角度来考虑这个事情。我所知道的是，我们这样做以后遇到的问题减少了，员工满意度得分提高了。我们使用这个系统才几个月，但是关于需要改进和如何避免问题的信息多了很多。"

这位经理用不同的方式解决问题，发现频繁沟通是正确的做法。他很灵活，同时愿意去实验、分析和评估结果。他看到的进步并不是传统意义上的效率提高，他更有效地利用员工的时间，带来了更大的幸福感。他敢于信任，这在大多数情况下是至关重要的。在没有证据表明这种新的、改变的工作方式会带来任何价值的情况下，他敢于放手，而在放手的情况下美好的事情就发生了。

> 你要明白没人能无所不知。当我们什么都不知道的时候该怎么办呢？那我们就尝试做小的实验。这是一个允许失败的环境，做一些小实验看看是否有效，如果有用，就再做一次，然后将规模扩大一点，并在不同的领域使用，在不同的团队中以不同的方式使用。实验是一种很好的工作方式。
>
> ——莱拉（Leila）

敏捷的解决方案是对传统绩效管理实践的革命性的替代。当采用这种方案时，它们有能力改变整个组织和组织中的每个人。

在组织中引入敏捷原则、工具和系统思考，有时是一个被迫的过程。因为这些建议通常与现有的实践直接对立，并且往往转换也不是一帆风顺的。

> 我不知道问过多少人这样的问题："作为领导者，你从绩效评估中得到了有益的信息吗？"他们每个人都说"没有"。如果你问员工"绩效评估能使你获得动力，让你的工作做得更好吗？"每个人也都说"没有"。"那么为什么我们还要这样做呢？"
>
> ——塞西莉亚（Cecilia）

特蕾莎·维尔伯恩（Theresa Welbourne）是一名研究员，也是一种新兴趋势的创始人，这种趋势被称为基于角色的绩效量表（Role-Based Performance Scale，RBPS）。它通过实践考察员工在工作职位之外的贡献，着眼于员工如何互相帮助，以及他们如何为整个组织的发展做出贡献。这种类型的绩效评估给组织带来了竞争优势，它启发员工去寻找机会打破传统的思维模式，并奖励他们跳出工作描述的局限。这种基于角色的评估模型易于理解，并且对整个组织的好处大于对个人的好处。

在这一模型中，维尔伯恩建议每个员工在公司中都能拥有五个角色，并在传统的职业定位决定下拥有四种能力：

- 创新：员工对于发展新观点、规则和流程的贡献。
- 职业：员工如何发展新的能力，为企业创造价值。
- 组织：员工如何为组织的价值做出自己职位之外的贡献。

- 团队：员工如何为团队的项目和发展做贡献。

每个角色都可以根据贡献进行评估和衡量。这种方法背后的核心思想是消除对员工的限制，如果没有发展的潜力，就不要把员工推向特定的职位或角色。因为当组织限制移动并强制执行固定角色时，就会越来越依赖专家，如果有人生病或需要处理个人问题时，组织就变得很脆弱。而摆脱固定角色所获得的自由会带来更灵活的职场和更快乐、更称职的员工队伍，结果会出现更多的 T 型人才，人们能够在一到两个方面或者多个方面培养自己的能力，从而发展成具有更广泛、灵活和通用技能的 T 型人才。

四、King 公司的预期

King 公司开发出糖果粉碎（Candy Crush）游戏，采用了一种与维尔伯恩的理论几乎相同的评估方法。他们使用"角色期望表格"，这种方法能够突出公司希望员工做出贡献的不同领域。表格根据员工的角色分成几个部分，包括个人发展、团队创新、公司创新和团队贡献❶。马蒂·克拉森是 King 公司的一名管理 3.0（Management 3.0）推动者，也是我的一个同事，你可以在本书结尾看到对他的完整采访。

整个 King 公司都在使用敏捷实践，在人才管理和发展方面也是如此，因此这家公司的知名度很高。他们使用一种创新方式设定目标，要求每个员工确定一个大的个人目标。在此基础上，他们需要确定季度目标，以帮助达成大的目标。此外，还需要确定他们要采取哪些行动步骤来实现他们的这些目标，如图 4-2。

这些目标被记录在 A3 纸上。开发人员往往先自己独立完成，然后跟经理讨论❷。每两个星期，他们会共同跟进以确保事情进展顺利，或者评估哪些事情出现

---

❶ 马蒂·克拉森，"角色期望表格，"，Pulse 传媒，2015 年 5 月 23 日，https://www.linkedin.com/pulse/role-expectations-cheat-sheet-matti-klasson。

❷ 马蒂·克拉森，"目标与个人计划"，Pulse 传媒，2015 年 5 月 19 日，https://www.linkedin.com/pulse/ambitions-personal-plan-matti-klasson。

问题并寻找问题的原因。这个过程结合了几个敏捷原则来提高员工绩效、发展和成绩，比如清晰的目标、可视化的分析、简短的反馈周期以及灵活可变的方向。

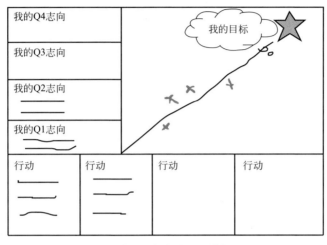

图 4-2　目标与个人计划图

King 公司除了有效的目标设定和评估系统之外，还整理了一份提问列表，供管理者在进度检查和项目回顾时向员工提问使用。特别是对于那些频繁采用目标评审和 OKRs 的公司来说，这是一种常见的做法。

一对一跟进谈话的建议（两周一次）

建议时长：15 至 30 分钟。

- 你的目标进展如何？
- 有哪些条件的变化，或者有什么困难阻碍你完成目标？
- 你是否需要支持或者建议？

回顾和计划会议的建议（每季度一次）

建议时长：45 至 60 分钟。

- 你认为自己这段时间最大的成就是什么？
- 你认为自己犯下的最大的错误是什么？

- 你认为自己需要改变什么（或者继续做些什么），才能保持动力和表现？
- 你认为自己在达成目标上取得了什么进步？
- 作为你的经理，我能做些什么来更好地支持你？
- 下一个阶段你的目标是什么？

当微软的 HR 高管了解到管理者与员工定期的跟进和交流能够提高绩效时，他们改变了自己的政策：他们把每年一次的总结会议改成了半年度的会议，于每年的二月和九月举行；个人一对一的谈话改成了至少每月一次。这一变化需要对组织进行重大改革，因为每个经理要负责很多员工。

绩效管理对于员工个人的成长很重要，这已经得到了充分的证明。通过采用敏捷实践和思想，企业将更好地为未来的不确定性做准备：抛弃等级观念，鼓励频繁和开放的沟通与协作，而它所带来的结果将是革命性的。

> 你应该在团队层面而不是个人层面进行绩效评估。并且，薪酬和发展需要单独分开。
>
> ——比约恩（Björn）

五、绩效管理和目标设定：从传统方式到敏捷方式

传统方式	敏捷方式
年度评价和评估	持续的指导和反馈
强制排名	没有排名
年度目标和流程	每季度和每月定期对目标进行跟进
每年由管理者进行员工评价	由管理者和同事进行持续的员工评价
认可来自管理者	认可来自管理者、同事和团队负责人
职业发展规划	提供开放和流动性的职业规划
专注于升职和离职	人员流动可以跨越部门，也可以是不同岗位
管理者评价绩效	每个人用 OKRs 评价自己的绩效
目标不具有透明度	目标拥有透明度

第五章
目标设置与 OKRs

"想法是宝贵的,不过拥有想法比将其变成现实容易。"

——约翰·杜尔(John Doerr)

当人们有目标且能够衡量自己的进步时，他们的效率是最理想的。清晰的目标会让员工和团队都有最佳的表现，而当企业的方向出现混乱或不确定时，员工就会产生挫折感和消极现象。因为当人们总是试图去理解他们应该做什么，而不是实际去做事的时候，组织的能量就会被浪费。因此，一个企业需要清楚地知道自己在做什么，以及为什么要这么做，才能很好地发挥作用。当专注于"为什么"和"什么"的时候，企业就可以相应地融合它们的结构和文化；当没有明确的目标时，企业就像一艘正驶向大海的船，没有指南针，也没有目的地。

一、为什么以及如何设定目标

　　传统人力资源的一个问题是基于一种固定的观念去看待工作需要怎样完成，它陷入了一种固定的组织结构，跟不上当前经济的变化速度，也不具备保持竞争力所需要的灵活性。

> 我们正试图转向迭代的方式来处理绩效流程，我们简化了方法，由此对所有新的绩效周期进行迭代处理。并且，目标设定在团队和团队主题中进行，我们将它从人力资源和人力资源系统中分离了出来。
>
> ——法比奥拉（Fabiola）

一年设定一到两次目标是不够的，并不能应对快速变化的商业环境。很多时候，这些目标在一年的时间里已经没有作用了，现代敏捷企业需要最少每季度设立一次目标，才能保持竞争力。

> 我们的环境变化如此之快，这使得制定年度目标非常困难。而当我们为季度或更短的时间设定工作目标时，我们的目标会更容易实现。从这个角度看，我们便明白需要做些什么。并且，从团体角度来看这件事，每个人都可以把他们的表现和评价放在桌面上：我们在一段时间内各自做不同的事情，过一段时间我们再见面看看发生了什么。然后，我们再设立新的目标。
>
> ——莱拉（Leila）

创造客户价值是敏捷的核心原则，也应该成为决策的准则。没有客户就没有业务，为了迈向未来，企业需要建立一个以创造客户价值为中心的目标模型。我们应该审视公司的现状，然后问："哪些是不再为客户创造价值的活动或者职位，我们能去掉吗？"

建立目标模型是一种以可视化的方法来确定组织想要达到的目标，这就迫使团队面对那些困难的问题，以达到更高的目标。当正确执行时，目标模型是一个梯子，一个目标通向下一个目标，然后再下一个目标，直到实现公司的整体愿景，而实现目标的先决条件和活动也被清晰地表达出来。一旦公司的总体目标确定下来，人们需要考虑他们自己的目标并确定他们是否需要做出改变，以便对公司的总体目标做出贡献。因此，设定目标的过程就是将许多小目标连成线的过程，它们最终指向同一个方向。

一旦组织目标确立，人力资源专业人员就可以专注于他们的直接目标。由

HR 的目标引领团队目标，团队目标也可以激励员工的个人目标。而每个人的目标都应该支持最顶层的公司目标，他们需要在公司目标变化时，频繁地重新评估和确定个人目标的优先级。

另外，自上而下和自下而上设定目标的流程可以同时进行。员工可以随时开始设立自己的目标，不需要等待。他们可以为自己的目标制订计划，当他们知道公司的方向时，每个员工都能起草一套自己的目标列表。

> 当你有了目标，你就不需要微观管理，或者有人控制你的工作流程，因为你已经知道你要做什么。并且管理者不需要再频繁地检查你的工作。如果你的信息足够透明，管理者需要的每一条信息都是完全公开和可视化的，我们就会知道你所取得的进展。每隔一段时间，你就可以告诉我你在做什么。
>
> ——莱拉（Leila）

为了使目标有效，目标需要做到鼓舞人心，这是许多公司都会忽略的一个关键细节。他们如此专注于最后的结果，以至于使过程中必要的步骤变成了枯燥乏味的工作。如果你想要员工积极参与，想要一种勇于探索和实验的公司文化，目标就必须有活力。比如，看看这个团队目标："作为一个团队，我们下个季度的销售额要增长 10%。"这个目标能让你早上起床就想跳起来实现它吗？还是使你不想起床，再按 5 次贪睡按钮？就数字本身而言，很少能做到鼓舞人心，目标需要传达令人兴奋的感觉和使命感。

再看看这个目标："作为一个团队，在下个季度，我们将完成有史以来最大的一笔交易——销售额至少增加 10%！！！我们可以通过良好的团队合作及每个人的优势来实现这个目标。"

修改后的目标显然比之前干巴巴的目标更富有激情。我的一个客户提议，目标应该是强有力且有趣的，这样就可以令人难忘。这是一个很好的起点。目标需要从内心吸引每个员工，否则他们不会有动力去实现这些目标。

二、最佳的结合工具：OKRs

至少从二十世纪五十年代，商业领袖和管理者们就在寻找改善绩效的措施。彼得·德鲁克（Peter Drucker）是管理领域的先驱之一，他引入了目标管理的概念（Management by Objectives，MBOs）——由管理者和员工共同定义和达成目标的流程。在二十世纪八十年代，关键绩效指标（KPIs）和SMART原则（具体的、可衡量的、可实现的、相关的和有时限的原则）开始流行。

在1999年，约翰·杜尔在谷歌介绍了OKRs的概念。从那以后，谷歌就变成了世界上最成功的公司之一。杜尔是在英特尔（Intel）公司了解到OKRs的，现在OKRs是最受欢迎的工具之一，被用来为个人、团队和公司规划方向。世界上最顶尖的公司都在使用或曾经使用过它，包括领英（LinkedIn）、声田（Spotify）和社交游戏公司星佳（Zynga）。

当企业从传统向新的模式逐渐发展和转变的时候，重点也由SMART原则转为OKRs。SMART原则中A的含义也由"可实现的目标"变成了"雄心勃勃的目标"，对目标在不断地进行衡量和改进。OKRs帮助整个公司团结一致朝着一个共同的方向，而不是每个人都沿着自己的道路独立前进。通过充分交流、透明、追踪进度、适应性和雄心勃勃的目标标准，新的目标能促进整体目标的统一和敏捷的原则。

具体来说，充分交流意味着目标应该是垂直或水平的对齐。为了实现透明的目标，要确保整个公司都知道公司的各个部门在做什么，这样你就不必重复工作。这种方法促进了交流和协作。

你需要经常检查、反馈、及时跟进并且不断衡量，判断自己是否在正确的方向上，或者需要改进什么。同时，目标需要适应不断变化的业务需求。最后，一个雄心勃勃的目标不应该太容易实现，而是总有进步和改进的空间。

使用OKRs时，重要的是理解目标需要支持公司的愿景或者核心任务，目标应该是可定义的，而不仅仅是用来衡量的，同时目标应该具有挑战性、有时间限制，并可以付诸行动。如果目标令有些人不安也没有问题，这种目标叫作"延伸目标"，是（非常）难以实现的。人们需要走出舒适区，才能获得最大的成效。企业中每个人都应该每个季度制定一到五个新的目标。

"关键成果"也有一些指导方法，并且关键成果应该是定量的，管理者可以据此给员工客观的评价。理想情况下，每个目标最多支持四个关键成果，这样有助于让人们聚焦。另外，每个关键成果都应该是基于工作产出的成果，而不是任务，管理者应该关注员工当前的情况，以及他们将来想要实现的目标。

关键成果不像目标，它更容易衡量，但是它不应该取代目标，因为成果可以指向任何方向。如果你不是在最好的方向上，你需要改变关键成果，使它更有效、更好地让你达成目标。

假设你设定了一个简单的目标，例如"三个月内成功瘦身"。一旦目标确定，它就会与期望的成果联系在一起。所以，关键成果可能是：

- 能在 20 分钟内跑完 3 公里。
- 能做 50 个俯卧撑。
- 能做 200 个仰卧起坐。
- 目标：三个月内成功瘦身。

你不是为了具体的活动而工作，而是为了最终的目标——那是你想要达到的。谁也不知道关键成果能否实现你的目标，这就是为什么关键成果必须是可变的。如果你发现你没有朝着正确的方向前进，那么关注点应在于改进指定的方向。关键成果应该是有挑战性的，而不能太轻易就实现。它也应该是一个诚实的评估——如果一切顺利，就可能会达到目标！

在组织中，流程应该是迭代进行的，而不是自上而下的。事实上，大多数 OKRs 都是自下而上产生的。理想情况下，组织的每个部分（单个员工、团队和整个公司）都有自己的 OKRs，每个单元的 OKRs 将有一个"所有者"，负责跟进团队的目标。

一旦员工与他们的经理就 OKRs 达成一致，评估过程就应该每季度进行一次。在评价过程中，对每一个关键成果按 1 到 100 分或 1 到 10 分进行打分，然后计算平均值。评估系统背后没有太多的科学原理，它只是一个诚实的评估，而且整个评估只需要几分钟。

如果我们使用前面 OKRs 的例子，评估过程是这样的：

- 能在 20 分钟内跑完 3 公里。完成率：75%。
- 能做 50 个俯卧撑。完成率：50%。
- 能做 200 个仰卧起坐。完成率：80%。
- 目标：三个月内成功瘦身。完成率：68%。

如果得分高于 90%，意味着目标太容易实现，而且没有改进的余地；如果得分低于 40%，则表示目标很难实现。然而，低分不代表失败，它正是我们学习的机会。人们应该争取 60% 到 70% 的分数，但记住这个分数并不像考试分数或者学习成绩那样重要，它的关键是要清楚地传达目标的本质，并让大家理解成功的门槛。让员工明白要达成目标，不断改进和学习什么才是有效的方法，如果所有员工都以这种持续改进的方式工作，并且与公司的目标保持一致，那么这种共同努力就会释放出一种神奇的力量。

OKRs 在整个组织内创造学习和协作的机会，但它不应当用于评估或奖金。如果你把 OKRs 和金钱奖励联系在一起，那么信任和诚实对话的观念就会被破坏。它有助于表明：每个人都需要为公司做出贡献并且参与其中，才能使公司达到最佳的运作。OKRs 能够创造透明度，为合作和学习提供先决条件。有人曾经说过："梦想和现实之间的距离就是行动。"OKRs 是一系列的行动步骤，它通过挖掘员工的潜能来实现公司愿景。

我曾与几家银行合作，它们实施 OKRs 以取代传统的目标设定和绩效管理系统。根据我的经验,当你坚持这种方法并且在第一年不放弃的话,你就会得到回报。当人们"从骨子里"感觉到它时,它往往能比传统绩效思维创造出更多的价值。

> 当你做正确的事情时,最好的结果自然会来。
>
> ——塞西莉亚(Cecilia)

第六章
敏捷奖励

"薪水买不到员工的激情。"

——布拉德·费德曼（Brad Federman）

员工之间的薪酬差异一直是一个敏感话题。当涉及钱的时候，人们会想到"公平"这个词，而对于公平的定义却很含糊。对一个人公平的事情对另一个人来说并不一定公平。一个人认为用额外的"报酬"来奖励杰出的表现是公平的；另一个人可能认为如果他们有相同的职位、工作经验和教育程度，那么，他们应该拿相同的工资。

我们怎样才能更有效地讨论奖励和薪酬呢？怎样才能让公司少一些争夺和秘密，多一些真正的贡献和参与呢？首先，我们要认识到在看待薪酬的方式上，传统和敏捷之间存在的差异。

> 对于奖金和佣金，我认为薪酬或奖金计划不应该跟员工的工作动机联系起来，尤其是你希望创造出敏捷团队的时候。这可能会起到毁灭性的作用，因为你需要思考你在鼓励哪些行为。
>
> 对那些真正有动力的人，他们或许在某种程度上会被外在因素激励，比如健康保险或者钱财。然而你需要问自己："我想促进什么？我想用这种奖励来鼓励什么行为？"如果你想要创造有效率的团队，就不要设计个人奖金计划。这是相互矛盾的，它也没有朝着正确的方向推进。
>
> ——莱拉（Leila）

一、薪酬

大多数公司在讨论绩效奖励时，往往只关注金钱的话题。一个人的工资很重要，它也应该是"公平的"，但不应是唯一重要的事情。研究表明，事实上，对大多数人来说，工资并不是主要的激励因素。为了让它不再是"一个问题"，工资应该以市场行情为基础，公平作为一般规则。

> 如果我们回到 IT 行业——公司的程序员和技术人员——他们往往是内向的人，所以他们不太擅长就工资进行协商。但因公司在薪酬方面有透明度，所以个人的谈判能力并不重要，透明的系统起到帮助他们完成这部分工作的作用，因此越透明越好。这不仅仅是工资的问题，还是贡献评价的问题。
>
> ——法比奥拉（Fabiola）

有几家敏捷企业采用了有创造性的方式处理工资问题。软件公司步飞尔（Buffer）是一个著名的例子❶。他们是几项开拓性敏捷实践的领军人物。

步飞尔引入了一种让工资透明的方法——在网站上提供工资计算公式。有意向的员工可以输入他们的技能、工作地点和证书，然后用公式计算出他们的工资，而且这些信息可以让有意来工作的人在面试之前就看到。当公司推出工资计算器时，立即就成为了一批人的理想公司。他们在工作之前就可以看到工资，意味着取消了招聘过程中对工资的谈判阶段。更妙的是，这家公司的工资 100% 透明，从 CEO 到普通员工都是如此。

除了工资方面的创新，步飞尔也是 100% 虚拟化的公司管理模式。每个员工都在家里工作，没有集中的办公室，甚至没有总部。员工用 Slack、Zoom 和其他沟通工具每天分享信息，员工的工作状态是完全自主的。在当今社会，这类虚拟公司正变得越来越常见。

---

❶ 考特尼·塞特，《透明薪酬革命：解密公开薪酬的科学与心理》，Buffer Open 网站，2016 年 2 月 15 日，https://open.buffer.com/transparent-pay-revolution/。

护理公司博组客（Buurtzorg）在工资方面也同样具有实验性和透明度。每年，所有的团队都根据能力模型和员工经验进行个人评估。通过这种评估实践，博组客公司发现了一些国家和城市之间的不一致或差异，并做出相应的调整。员工工资会根据生活成本和特定的就业市场而变化。

晨星公司（Morning Star）是番茄产品和服务行业的领导者，这家公司建立在自我管理的基本思想之上❶。该公司致力于提高工资的透明度。为了支持这一举措，他们在选举产生的薪酬委员会的反馈下，实行"自定"工资。每位员工都会写一份年度声明，表达他们认为自己应该得到的工资水平和原因，他们还需要加入来自同事的反馈，以及证明自己绩效水平的资料。

当选的薪酬委员会提供反馈，他们对工资太低或是太高的要求提供指导意见。大多数员工给自己设定的工资标准是合适的。如果公司该年度盈利不够，没办法提供加薪，员工将会收到随着物价水平变化而提升的工资。

另外一个通过薪酬透明度进行自我管理的例子，发生在美国特拉华州的跨国制造公司戈尔公司（W. L. Gore）。员工对一年中与他们密切合作的同事进行排名。他们采用一种同行评级的制度，通过对每位员工进行以下两项的评分来决定工资标准：

- 这位同事的贡献比我更多或更少（评分从 -3 分到 +3 分）。
- 这位同事十分了解我的表现（评分从 1 至 5 分）。

在固定的工资范围内，简单的算法可以计算出结果来确定员工的工资水平。这是一个简单的解决方案，也是非常公平的。

AES 公司是一家全球性的电力公司，拥有超过 19000 名员工，也在实践

---

❶ "自我管理"，晨星公司的自我管理，2017 年 9 月 10 日，http：//morningstarco.com/index.cgi?Page=Self-Monagement。

自我管理的方式制定工资。他们有一个互相建议的过程，员工们互相询问来帮助彼此决定他们的工资。这意味着每个员工都能对自己和同伴的贡献充分地负责，人们要互相负责，互相依靠，形成团体协作和尊重。塞氏公司（Semco）是一家巴西风险投资公司，使用跟 AES 相同的"同事"和"伙伴"间的工资流程。

比约恩·伦蒂恩（Björn Lundén，BL）信息公司是一家小型的瑞典公司，有大约 90 名员工。它通过自有的专利软件帮助其他小型公司进行企业的运营。当要决定员工的工资时，每个员工会写下他或她认为其他人应该得到的工资是多少，然后公司对结果进行统计，参考大家意见的平均值决定工资。公司几乎所有的决策都是这样做出的，这样的运作显然是有作用的，因为在公司成立后的 28 年里，只有 8 名员工离职。

这些公司的例子证明，关于工资的讨论并不一定会破坏工作环境。当话题的神秘性被消除后，就会对信任、动机和文化产生普遍的积极影响。

每个人对待工资的方式都不一样。尤尔根·阿佩罗（Jurgen Appelo）在管理 3.0 里的工资方案是：

- 制定重要奖励的标准。
- 权衡所有因素。
- 最重要的是什么？
- 制定一个公式来公平地计算每个人的工资（或尽可能公平）。
- 不要将工资作为绩效评估的奖励。

读者们关于工资的练习：

- 考虑所有的变量。
- 在你看来，哪些变量应该影响薪酬？
- 薪酬中每个变量的权重应该是多少？

员工变量

例子	权重
0—3 打分	（重要）
性别	男
工作类别或职位	设计师
职位的级别	高级设计师
职责	团队组长
年龄	43 岁
工龄	5 年
以前的工作经验	15 年
相关教育	4 年
特别成就	设计奖
绩效	NPS = 85%
家庭人口	3 个孩子

> 人力资源部越透明越好。当然，我们有很多信息在 HR 是保密的，所以能透露的信息是有限的。比如说，我们把工资待遇看作是保密的，但它的确不需要保密。当然，在公开发布工资之前，你要制订计划并仔细记录工资。薪酬体系应该是透明的，但是，该怎样处理这件事呢？其实预先拥有的透明度越高，你的问题就越少。谁也不希望当某人威胁要辞职的时候才开始讨论工资，因为那时已经造成损失了。如果你能公布工资，或者至少有一个计算公式，你可以说"这是我们计算工资的方法"，这样做就可以避免员工对工资进行不必要的讨论。另一个很大的好处就是让大家知道他们的工资是公平的，至少是一致的，跟个人协商工资的能力无关。
>
> ——**法比奥拉（Fabiola）**

二、奖励机制

作为一名管理 3.0 的推动者，我在培训和客户服务中使用过管理 3.0 框架中的奖励原则，并就如何才能通过奖励获得最好的效果给出了建议。奖励不仅仅是金钱，除了工资透明，给员工意外的奖励也很重要。我在前一章讨论了传统奖金制度存在的诸多问题，造成了人们倾向于先关注回报。意外奖励的目的是让员工专注于他们的工作，挖掘他们内在的动机和动力，而不是在他们面前摇晃胡萝卜。这样做有助于让人们一直保持动力，而不是让他们总是想着要先得到一些回报。

事实证明，大额奖励和奖金往往会让绩效下降，压力增加。尽量让奖励小一些，频繁分发，这跟大额奖励对大脑的刺激是一样的。

企业中的每个人都应该理解哪些行为和成就会得到奖励。因此，公司要公开庆祝成就，不要遮遮掩掩。要让大家知道他们做到了什么，是怎样做到的，这不仅仅是结果和数据的展示，更是一个获得认可的标志。

同时，让同事之间的互相奖励变得更容易。奖励工作做得好不只是管理层的职责。可以给员工创造一个互相邀请共进午餐的环境，在厨房里放一些员工可以免费拿过来送给对方的东西（比如葡萄酒），或者用其他方式为团队成员庆祝成功。

> 对员工的认可必须来自组织内部的同事，而不仅仅是管理层通过祝贺表达认可，当个人、团队或整个部门都在庆祝时，会对工作环境和文化产生积极的影响。但是，这些奖励的来源应由管理层提供。
>
> ——法比奥拉（Fabiola）

无论什么时候完成一件事，不管它是大还是小，都应该伴随着庆祝。这样做有助于加强学习和良好的实践，给人们一种归属感和集体感。在任何环境下，人们都应该寻找庆祝小小胜利的理由。可以问诸如这样的问题：我们学到了什么？我们做得好吗？我们是如何前进的？

尤尔根·阿佩罗曾经分享过一个故事："我工作过的一家公司有一个船形的钟表挂在公共休息区。每当公司里发生有趣的事情，我们会通过敲钟的方式庆

祝，让大家都聚到一起，分享故事、吃蛋糕或者饼干。"❶

即使是失败，也能学到东西，这就是为什么要庆祝。实际上，失败是一种很好的学习方法。

一个公司要进行奖励的对话和实践，就必须有利润。如果公司表现良好，并且每个人都按照他们的目标、OKRs、冲刺和回顾进行，那就引入绩效奖金的概念。与其他奖励不同，绩效奖金仅基于同事对你的表现的评判而定。有谁比每天和你一起工作的人更了解你的表现呢？

有许多方法可以将基于同事评价的绩效奖金纳入其中。一些公司创造了一种虚拟货币，由拥抱或点数组成。每个人在一个月的时间里都有一定数目的信用预算可以分给他的队友。然后，在每个月底，他们将积累的点数兑换成现金或其他福利。

> 我们能够更多地倾听员工的需要，并且根据他们的投入给予相应的奖励，无论他们的任务、努力或角色是什么，这比让管理层决定给每个人相同的奖励更有价值。最重要的是，倾听可以照顾到员工的个性和偏好。
>
> ——塞西莉亚（Cecilia）

敏捷的奖励系统强调团队合作，而不是金钱。从表面上看，经济的奖励是巨大的，但它并不能激发人们内在的动力。奖励应该能够优化个人行为，加强团队绩效，培养持续改进的文化。

> 敏捷的惊人之处在于，当你看到一个行为发生变化时，你会立即感受到氛围的变化。因此，改变不需要用几个月或几年时间，人们可以很快改变，我认为这也是敏捷的力量。重要的是要让人们展示他们的独特之处，因为每个人都是独一无二的，他们需要受到赞赏。而人们对同一事物的不同的反应，就是我们能了解到的新的行为。
>
> ——法比奥拉（Fabiola）

---

❶ 尤尔根·阿佩罗，"赋能团队"，管理3.0，2011年1月11日，https://www.slideshare.net/jurgenappelo/agile-management-authority-delegation。

三、奖励：从传统方式到敏捷方式

传统方式	敏捷方式
工资是动力	工资是一个维持因素
只有管理者给予认可	每个人都给予认可
很少发生	经常发生
大额奖励	小额奖励
私下奖励	公开奖励
奖励结果	奖励行为
不公平的工资分配	公平是最重要的方面
团队和个人没有参与	团队和个人可以参与设定自己的工资
工资是保密的	工资可以是透明的
奖金	利润共享
预算和计划	与前期对比

第七章
敏捷招聘

"因态度而雇用,因技能而培训。"

——无名氏

招聘的话题本身就能写出几本书的内容。HR 专家和企业通常有他们自己的绝招、实践经验、面试问题和招聘流程。我的公司"绿色子弹"为招聘某个职位而面试时,最重要的问题永远是:"你为什么想与我们共事?"其他几个重要的问题是:"你的价值观是怎样的?它是否符合我们公司的价值观和我们真正的文化?"我说的是"真正的文化",因为很多公司都有很好的价值观,但这些价值观并没有反映出它们真正的文化。

> 我仍然认为"因态度而雇用,因技能而培训"是非常、非常有效的人才积累模式。如果我们这样做,我们的招聘方式就是敏捷的。我认为我们需要更多地利用组织来进行招聘,不论招聘是由领导者、人力资源部门还是招聘专家来完成,员工才是真正知道谁是最适合这个组织的人。
>
> ——塞西莉亚(Cecilia)

即使在员工开始工作之前,他们也需要认同公司的核心价值。你永远不想聘用一个"只是想找一份工作"的人,你更加希望与那些对公司的价值观充满热情的人一起工作。相对而言,规模较小的企业招聘要更容易,因为在一个小而紧密的团队中，每个人都可以参与招聘的决策，去寻找那些能与公司互补且能真正融入团队的人。

大公司往往会陷入繁文缛节和意义不大的招聘标准之中，所以招聘经常陷入困境。这时可以尝试使用小团队型的招聘模式，你会发现这种模式在大公司里也是合适且值得推荐的。

一、HR 招聘趋势

人力资源专家和招聘经理普遍认为：不能通过看候选人的简历来判断他们的优缺点。有一些人认为：评估候选人潜在贡献的最好方法是问一系列的情景问题，以评估他们如何应对假设的情景。还有一些人认为：人们过去取得的成就对他们未来的表现影响很小或者几乎没有，他们觉得真正重要的是候选人是可以在未来帮助公司实现目标的人。

那么招聘经理怎样才能对招聘结果更有信心？他们怎样才能更准确预测应聘者未来的表现？怎样能把用人风险降到最低呢？基于以上问题，很多人力资源工作者会更愿意使用固定的、已经验证的技能去吸引和留住员工。很多大公司对于每个职位都有固定的模板，他们只在预定的资格和特点范围以内招聘。然而，他们忽略了当人们拥有正确的工作态度时，他们就能适应更多岗位（尽管不是一切）。因此，寻找有动力和激情的员工可能比寻找具有正确能力的员工更重要，在某些情况下，热情是工作中最需要的技能。

> 敏捷招聘的思维有两个部分。第一部分是如何将招聘过程游戏化，或者说如何在数字时代进行招聘。对人才的管理或者招聘，其实在你填补一个职位之前很早就开始了。这就是为什么你必须事先与人交往——你必须在实际需要填补职位之前与他们合作。第二部分是入职培训。很多时候，我们浪费了在签订合同和开始工作之间的这段宝贵的时间。很多公司在这期间与新聘员工唯一的交流方式就是一些法律文书。但实际上，人们在这段时间的工作热情会非常高涨，不应被忽略。
>
> ——法比奥拉（Fabiola）

我认为在理想的情况下，决定录用一个人正式进入团队之前，至少应有六个月的时间互相接触。我希望了解他们并看到他们的团队精神，以及他们是否有工作效率。但我们很少有这样的机会！有些人在一家企业中是明星员工，但是在另一家企业却非常平庸。这一切，特别是表现和行为，都取决于当时的条件和环境。一个人在一种情况下会有一些行为，但是当你把这个人放在另一种情况下，他或许会表现出完全不同的状态。

好在，我们可以从最基本的问题下手帮你确定一个人是否适合你的团队。"你能做好这份工作吗？"这个问题能帮助了解一个人的优势和劣势，以及是否拥有相关资历。"你喜欢这份工作吗？"能让我们看到一个人的动力。"我们能与你合作吗？"能检验一个人是否能融入团队和公司文化。公司希望聘用具有哪些特质的人，以及问哪些问题，可因公司而异。

二、敏捷招聘宣言[1]

我们一直在探寻更好的招聘方法，身体力行的同时也帮助他人更好的招聘。由此我们建立了如下价值观：

- 个体和互动 高于 流程和工具
- 快速高质量的招聘 高于 详尽的文档
- 客户合作 高于 合同谈判
- 响应变化 高于 遵循计划

这些价值观听上去是不是很耳熟？它们与《敏捷宣言》的核心价值观相同。

---

[1] 基思·霍尔珀林，《敏捷招聘宣言》，ERE 传媒，2015 年 7 月 23 日，https://www.eremedia.com/ere/the-agile-recruiting-manifesto/。

敏捷招聘的原则

1. 我们最重要的目标，是通过持续不断地及早进行有价值的招聘使客户满意。

2. 我们欣然面对需求变化，即使在发展后期也一样。为了客户的竞争优势，敏捷过程掌控变化。

3. 经常地提供高质量的招聘，相隔几星期或一两个月，倾向于采取较短的周期。

4. 项目中，内部客户和招聘人员必须每天相互合作。

5. 激发个体的斗志，以他们为核心搭建项目。

6. 提供所需的环境和支援，辅以信任，从而达成目标。

7. 不论招聘团队内外，传递信息效果最好、效率也最高的方式是面对面的交谈。

8. 按时、在预算内高质量的招聘是进度的首要衡量标准。

9. 敏捷过程倡导可持续的员工发展。

10. 发起者、开发人员和用户要能够共同维持步调的稳定延续。

11. 坚持不懈地追求专业技能和一流服务，敏捷能力将由此增强。

12. 以简洁为本，是极力减少不必要工作量的艺术。

13. 最好的需求、流程和招聘出自自组织团队。

14. 团队定期反思如何能提高效率，并依此调整自身的举止表现。

敏捷招聘的原则体现了企业在招聘时应该追求的目标。想想你所在的组织，招聘的实践与上述原则一致吗？以上这些原则在你看来是可实现的，还是遥不可及的？许多企业在招聘上距离敏捷方法还有很长的路要走，但是通过我的工作以及对许多知名国际企业的研究发现，这种方法的确既有效又更容易达成共赢。

三、敏捷招聘趋势与工具

> 我在招聘领域已经工作了很多年。对我来说，我从前学到的技巧现在已经不管用了，因为游戏规则已变。
>
> ——塞西莉亚（Cecilia）

很多 HR 专家习惯使用多层方式吸引、招聘和留住员工。而"敏捷"招聘喜欢从简化流程开始，将重点放在人身上。

招聘应该是每个人的工作，而不仅仅是 HR 团队的。原因很简单，一个跨职能的团队，包括市场营销、人力资源和其他学科，候选人都要接触到。因而从不同视角了解候选人的知识面和适应性是至关重要的。

> 你可能面对着市场上最好的人才，但如果他们与团队不能合作，这次招聘就不会带来什么好结果。所以，"敏捷"下的 HR 要考虑如何让团队参与决策，而且确保是由团队来做最后的决定。这个人的加入，不是因为管理者，也不是因为人力资源，而是因为团队的需要。正如你我都知道的，只有团队才能确保人才在组织的成功。所以，发起招聘的决定和最终录用的决定，都需要团队的参与，必须让团队参与到人才的选择过程中。
>
> ——法比奥拉（Fabiola）

招聘是时时都在进行的活动，而不是在某个职位空缺的时候才进行。如果你公司的员工认识一个人，他与公司具有同样的价值观，那么整个团队都应该见见这个人，看他能为团队做出什么贡献。HR 把这种方法叫作"随时招聘"，意味着公司总是在搜索合适的人。

招聘的第一步是吸引应聘者。吸引力来源于品牌，你的公司在市场上处于什么位置？作为雇主的声誉如何？并且需要认识到一点：消费者品牌和员工品牌两者之间的关系是直接关联的，你通过任何渠道接触到的人都有助于你对品牌的认知。在公司网站上将这些信息透明化，有助于让人们更容易了解公司的立场和价值观。

> 你需要证明你的公司与申请人的价值观是一致的，这点非常重要。而使用敏捷的方法时，这一证明会更加容易得出结论。
>
> ——塞西莉亚（Cecilia）

你的公司如何才能最好地与应聘者互动并建立良好的关系？传统的招聘会和公司网站上的广告等方式仍然可行，而社交媒体招聘则是一种快速增长的新方式。如今，社交媒体经常被用来吸引、招聘和审查候选人。

HR 专家开始在网上访问候选人。网络资源已经不再是竞争优势，而是必须要做的。现如今，找到合适的市场和社交平台是招聘的重要组成部分。

通过积累和策划在线社交活动以及运用现有的内部团队资源，可以帮助公司快速找到合适的人才，而你的员工往往是你找到人才的最好渠道。他们很有可能认识与自己观念相似的人，如果他们想把你的公司推荐给自己认识的人，说明员工本身对工作很有动力，并且乐于参与其中。

对于招聘来说，一个简单又灵活的方法比僵硬的、逐步计划的方法有用十倍。为企业找到合适的人才是企业员工的内部责任，把这个重要的功能交给一个外部机构是不合适的。因为，招聘和吸引优秀员工都要求其对公司的运作方式有深入的了解，而一个外部机构无法做到这一点。

> 透明度是关键，团队参与也是关键。
>
> ——莱拉（Leila）

招聘是需要花时间的，而且需要耐心、细心地跟候选人进行很多对话和互动才会知道他们能否适应团队环境。我们的目标是了解一个人的真实性格，而不仅仅是他在面试时表现出的性格特征。

邀请应聘者跟未来的同事相处一天，允许他们与组织中各种各样的人交谈，真正了解组织的特点。让新员工觉得自己有权利畅所欲言，可以展现最好的自己，并且可以经常进行公开的沟通。通常，优秀的候选人在人才市场不会停留太久。如果不赶快行动，他们就会被别的公司请走。

> 不时地调整流程，至少根据当前的情况和需要调整流程中任务的优先级。要持续地在公司内部进行招聘，因为在公司内部寻找人才和制订继任计划的能力是非常重要的。团队参与是招聘的关键，招聘经理只需要协助行政性的工作即可。
>
> ——比约恩（Björn）

有时候人们加入一家公司，却没有具体职位，这类人在某个方面是专家，在很多方面也有一定的能力。在敏捷招聘中，这类人被称为专业通才或者广义专家，他们往往是因为团队而不是具体职位而招聘的。我们称他们为 T 型人才，意味着他们在广泛的领域拥有渊博的知识，在一个或多个领域具有深厚的专业能力。

敏捷招聘基于一项原则：因态度而雇用，因技能而培训。不是评估一个人外在的能力，重点是看一个人是否跟企业的文化相符合。你的企业有清晰的价值和文化吗？没有这两项，一个人在公司就不会快乐，也不会高水平发挥他的作用。因此，候选人和组织必须保持价值观的一致。

> 我们需要看一个人是否在文化上适应组织，以及是否能与团队合作。我们所支持的价值观包括协作、信任、诚实和尊重，如果我们把这些价值观融入招聘中，就一定能改善招聘过程。
>
> ——法比奥拉（Fabiola）

HR 专家通过面试判断一个人的价值观，或者通过个人档案进行测试。我个人最喜欢的评估是赖斯动机图谱，它清楚地定义一个人的 16 个主要动机。这是一个非常有用的工具，它可以确定一个人是否与组织的价值观保持一致。

没有评估工具，我们通常只能看到一个人性格的表面，而人格档案可以帮助我们看到底层更基础的部分。我认为这就像是一座冰山：我们怎样才能更好地凿开冰山的外壳，确定人们为什么要做他们所做的事情，并找出驱动他们做这些事情的原因。

我最喜欢用看板（Kanban）进行招聘活动，它是以可视化的方法让招聘流程变得可见。你可以在第十一章阅读到更多有关看板的内容。你可以询问团队用什么步骤能帮助公司招到合适的人，且每个步骤都应该在看板上列出来。一旦你有几个职位的候选人，可以把他们都放在看板上，用以跟踪他们在招聘过程中的进展，以及团队成员对每个人的印象。这个可视化的方法不仅可以追踪招聘流程，还可以确保团队成员参与其中。招聘团队还可以使用 Trello Board（一种电子看板）来跟踪招聘步骤，当应聘者在这个过程中进度发生改变时，他们的卡片会展示他们所在的位置。

声田（Spotify）就是使用敏捷招聘流程和工具的一个很好的例子。作为一个快速成长的公司，他们总是在寻找新员工。他们积极地进行可视化的招聘活动并进行回顾，以便更多地了解他们的候选人。

在打造像声田公司这样高度自主、高度协调的工作文化时，招聘是一项优先举措。声田公司希望员工适应企业的环境并茁壮成长，为公司的整体使命做出贡献。公司的原则是"不招聘糟糕的人"。

在声田，必须具有在独立工作和与公司举措保持一致之间的平衡能力，他们需要的是有自主性和协作性的员工。挑选应聘者时，声田公司会仔细观察人们怎样表述过去的工作，以及人们怎样描述他们过去的个人成就和团队成就。

在一致性和自主性之间存在微妙的平衡。找到那些能够以某种方式引领其他人的员工是非常重要的，他们可以释放其他人的动力，从而使人们能够以最佳状态发挥作用。招聘经理的目标应该是招聘到能在高度自治的文化中成长的人，这意味着人们要具有高度的自治（员工自己决定如何实现目标）和保持高度的一致（员工朝着相同的方向前进，而不是不同的方向）。理想情况下，是要招聘那些不仅具有动力，而且乐于承担责任和热爱公司目标的人。

人才储备必须具有多样性。不要错误地雇用完全相同的人，尽管和不同的人一起工作很有挑战性，但如果公司内部存在更多的观点和想法，经营结果会更好。因为内部的多样性可能比外部的多样性更重要。

敏捷人力资源团队不仅与他们自己的价值观有关，还与组织内团队中每个人的价值观以及他们相互之间的关系有关。人们都必须意识到彼此的差异，这样他们就能更容易地接受对方，并一起进行有效的工作。

> 我们正在做的事情：帮助进行大规模招聘的客户完全废除简历和申请环节。我们考虑如何使招聘过程更加精益，并促使摆脱简历和申请环节，因为它们并没有意义。
>
> 取而代之，我们会提前问几个问题，以便进行筛选：你能在周末工作吗？在这种情况下，你会怎么做？你住的地方离工作的地方有多远？然后我们再问其他几个问题。我们根据这些问题预先筛选，让大约60%的人通过，然后对他们的智商、情商、服务动机等进行在线评估。这三个测试能在很大程度上帮助我们找到合适的候选人。
>
> 在预筛选过程完成后，我们得到一个简短的候选人名单，我们会要求他们做一个视频采访，记录他们的答案，这个采访大约需要5分钟时间。对于经理来说，从阅读200份毫无用处的简历和求职信，到观看几个候选人的视频面试（每个最多4到5分钟），他们节省了大量的时间。这些应聘者已经通过了情商和智商的测试，并且我们也知道了他们是否愿意在周末工作，以及是否具备合适的工作心态，这些都让面试的效率得到了提高。所有的申请者都经过了筛选，经理们可以从简短的名单中直接选出5到10个合格的候选人。
>
> ——瑞娜（Riina）

四、招聘：从传统方式到敏捷方式

传统方式	敏捷方式
评估能力	评估价值观和文化是否合适
只有HR参与	跨职能团队
当需要时招聘	持续招聘
招聘启事和广告	社交媒体
详细的流程、固定的步骤和责任	使用看板等简单灵活方法
从外部资源寻找	企业内部责任
标准化的	根据不同的需求定制

第八章
学习与发展

"我们现在要接受这样一个事实,即学习是一个使人与时俱进的终生过程。而现在最紧迫的任务是教会人们如何学习。"

——彼得·德鲁克(Peter Drucker)

我最喜欢的一个关于 HR 的故事是两位高管之间的对话。一位 CFO 很担心员工教育的费用问题，他认为对公司来说那是一笔糟糕的投资，然后对 CEO 说："如果我们在员工身上投资，然后他们辞职了该怎么办？"。CEO 看了看他，然后说："如果我们不投资，他们留下来继续工作会发生什么？"这段对话很好地总结了我在企业中看到的在员工教育方面的两种截然不同的做法。

学习和能力发展是员工价值主张的重要组成部分。许多人想在一个可以学习和成长的环境中工作——两者都是吸引员工、留住员工和引导员工参与的重要因素。

> 在这种转变中，你会意识到一些员工仍然期望公司告诉他们应该如何发展；而另一些员工则觉得自己能够发现很多机会，他们认为，"关键取决于我去创造机会并迎接这些挑战"。
>
> ——莱拉（Leila）

整个组织都受益于培养一批人才，因为他们可以自己寻找机会不断进步。组织通过建立内部的知识和技能培养机制可以引领更快的创新，而且这也是组织生存所必需的。当持续改进和发展成为组织结构的关键部分时，实现公司愿景和完成任务的可能性就会显著增加。

> 在敏捷领域，我们经常讨论是否授权给员工，让他们自己做一些决定，现在这种授权也传递到了 HR 领域。我们的问题在于，在员工学习与发展方面，我们应该怎样体现授权？或者我们怎样授权给员工？他们能掌握自己未来的方向吗？这将会产生很大的影响，而且也会使领导者跟员工的沟通方式发生改变。
>
> ——法比奥拉（Fabiola）

一、组织学习模型

70∶20∶10 模型是一个很受欢迎且简单易懂的企业培训模型❶。它的前提是 70% 的知识是通过经验学习和培养而来的，包括在职学习。另外 20% 是从指导、教练或者其他更有经验的人身上学习到的。最后的 10% 是从系统的课程或者正式的学习计划中学到的。70∶20∶10 模型出现在大约 30 年前，诞生后就有了显著的发展。

个人方面着眼于学习和发展，以提高个人未来的就业能力。团队方面要审视团队在技术方面的学习，以及提高协作、沟通、解决问题和化解冲突的能力。当人们作为一个团队学习时，他们就有机会更快、更容易地实现团队目标。从组织的视角来看，通过学习可以使组织变得更强大、更具竞争力，有能力适应市场的新环境或变化。同时，通过持续地学习，组织成为行业领导者或突破性创新者的机会也将增加。

> 对我来说，谈论领导力是关于我们所有人的内在的东西。我们要培养勇于承担责任的品质，以及发现更多的见解，帮助我们影响周围环境。
>
> ——莱拉（Leila）

---

❶ 70∶20∶10 模型，创造性领导力中心，2017 年 9 月 10 日，https://www.ccl.org/articles/leading-effectively-articles/70-20-10-rule/。

2015年《哈佛商业评论》(Harvard Business Review)发表了一篇题为《为什么企业不学习》的文章(Why Organizations Don't Learn),就企业学习的阻力提出了有趣的观点❶。两位作者弗朗西斯卡·基诺(Francesca Gino)和布拉德利·斯塔茨(Bradley Staats)认为,尽管企业的初衷是好的,但它们没有认真对待学习,这主要有四个原因。

第一个原因是企业害怕失败。他们盲目地希望成功,不惜一切代价避免现实中的失败。失败的概念会引起愤怒、痛苦和恐惧,所以大多数企业试图掩盖失败,避免消极情绪,而不是把它当作一个学习的工具。实验会导致失败和更多的失败,但要想成为真正的创新企业,需要将较少的精力放在追求完美上,而将更多的精力放在接受错误上。

第二,大多数公司都倾向于采取行动,而忽略了要参与到更为重要的对实践的反思。什么地方出了错?我们下次可以做些什么?我们怎样才能改善?团队还需要哪些其他的能力?缩短工作周期和项目回顾是克服对行动恐惧的有效策略。

第三,公司倾向于随大流,而这其实降低了效率。许多公司都害怕在他们的行业里打破常规,他们希望和其他公司相似,错误地认为"相同"能吸引现有的客户群。他们不敢与众不同,也因此处于危险之中。

最后,基诺和斯塔茨认为大公司过于依靠企业外部的专家和咨询顾问。最好的信息来源其实是企业第一线工作的人,外来的顾问怎么知道内部的团队动态和项目实验呢?另外,"外来"的帮助只会给简单的方案增加了复杂性,关键还是要让一线员工参与头脑风暴和做出决策。让一线员工跟客户直接沟通,因为他们才是最珍贵的资源。

很多公司没有意识到员工给公司带来的经济价值,公司只看到了人才投资回报需要的时间,却没有了解员工的生命成长周期。

---

❶ 弗朗西斯卡·基诺,布拉德利·斯塔茨,《为什么企业不学习》,《哈佛商业评论》,2015年10月19日,https://hbr.org/2015/11/why-organizations-dont-learn。

> 我知道有些公司招聘的时候会用虚拟现实的技术，应聘者可以佩戴头盔式眼镜，看看工作环境如何，他们可以在办公室里走动，模拟一整天的工作，也可以戴着它走出公司熟悉公司附近的街道。
>
> ——法比奥拉（Fabiola）

在一段新的雇佣关系的早期阶段，公司会对员工进行投资。新员工一旦过渡到入职流程，他们就开始获得知识，他们也在学习和收集信息的过程中接受培训并开始获取新的任务。从那时起，他们便开始拥有价值，组织也开始从员工身上受益。从事员工参与度和管理策略的人力资源专业人士，他们能够识别进入最佳状态的员工并提高员工价值。同时，员工参与度越高，他们的回报就越高。

彼得·圣吉（Peter M. Senge）是美国麻省理工学院斯隆管理学院教授，他是组织学习协会（Society for Organizational Learning，SOL）的创始人。他著有一本名为《第五项修炼：学习型组织的艺术与实践》（*The Fifth Discipline: The Art & Practice of the Learning Organization*）的书籍，其中探索了打造学习型组织的五个特点。

第一项是自我超越。意味着企业要支持那些想要不断充实自己的员工。第二项是心智模式。每个人对世界都有一些固定的想法、观点以及思考问题的方式，并且人们往往通过图片获得信息的速度最快，这些都影响着我们如何了解世界，以及我们该如何行动。第三项是共同愿景。为了促进共同愿景，通常可使用图片增加参与和接受程度。第四项是团队学习。这项能力开始于团队成员的"深度会谈"和"共同思考"，目标是停止做假设，并真正开始互动。第五项修炼是系统思考。这也是敏捷的基础。它将组织视为处于持续适应和改进状态的动态系统。这一系统创造出开放性的环境，实验是得到鼓励的，犯错是可以接受的，不同的观点也是受欢迎的。

"快速试错"是敏捷的核心观点，它说明失败只是不断学习的一部分，我们需要敢于尝试，并让尝试变得更加容易。托马斯·爱迪生（Thomas Edison）有一句名言："我没有失败，我只是发现了一万种不管用的方法。"他领先于他的时代，认识到了失败在发现和不断学习中的作用。

> 人力资源必须确保人们能够接触到有用的信息，并且使人们可以通过获取、利用这些信息为自己的技能发展负责。例如，HR 可以为沟通实践创造平台，并提供信息。
>
> ——法比奥拉（Fabiola）

二、学习的趋势

50 年前，学习几乎只存在于人一生中接受正规教育的阶段：高中、大学以及更高阶段的研究生。今天，技术进步带来的不断变化意味着我们需要不断地学习，这是一个永无止境的过程。很多企业会提供基本的培训和与公司相关的信息，但是为了保持竞争力和活力，员工需要自己在教育中发挥主导作用。

传统的学习方法已经过时，我们大脑的工作方式也与过去不同，因为现在有很多新的刺激。我们若想更快地处理信息，就需要找到消化和处理信息的新方法。现代的企业也知道，简单地让他们的员工参加外部的某门课程学习已经不够了，单一的培训辅导并不会缩小绩效的差距。

课程学习已经被经验学习的方式所取代了，在经验学习中，有很多不同时间和空间的多姿多彩的活动会帮助学生最大限度地吸收知识。当我们走向未来时，想象力会限制我们，我们需要跨职能、跨学科、持续自主地接受正规和非正规的教育。

> 学习是适应的唯一途径。对于一家敏捷企业或者有机的系统来说，组织的问题或者挑战在于如何将员工的学习引导到一个有价值的地方，或如何跨越边界（如位置的边界）创建跨组织的学习。
>
> ——瑞娜（Riina）

知识通过互联网实现了大众化。信息可以随时供想要学习的人使用，并且它们无处不在，如维基百科、博客、在线论坛、YouTube、书籍、研讨会、TED演讲、播客、应用程序等。事实上，这些信息量可能会让人感到难以应对和疲惫不堪。我们并不缺少内容或消化吸收的工具，并且它们在以指数速率增长，现在已经转变为内容太多而人们时间太少的状态。

针对行业相关信息的一个新趋势是发布最小化的可行课程。过去，组织的培训材料或操作手册往往在整体地完成以后才会发布。现在，随着信息可以在更小的模块中使用，企业会发布最小化的可行课程，里面包含尽可能精炼的信息，同时仍然为阅读者提供知识价值。这使员工可以更快地开始学习，公司也可以保持竞争优势。

许多新兴企业已经成功地将他们的教育成本中心变成了利润中心。通过最小化的可行课程和其他的交付机制，知识已经成为一种商品化的产品。通过将专有的研究、方法或流程销售给公司的供应商、销售商、客户甚至竞争对手，信息现在已经成为直接产生现金流的收入来源。

企业学习的另外一个趋势是游戏化，它已经成为产品、团队开发和解决问题的有效工具。通过互动游戏，人们可以向整个企业展示复杂问题，而不是只将问题交给开发者和工程师。也就是说，任何人只要对于解决问题感兴趣或者好奇，都可以参与其中，这也包括客户。一家名叫FoldIt的公司最近解决了一个科学家们研究了十年的复杂问题，他们通过游戏化让问题变得更容易理解，在短短三周内就找到了解决方案。

> 解决问题的某些思路可能来源于社会化学习、混合学习、互动或午餐时间的探讨。这就是为什么你要使用这些新的学习方法。
>
> ——法比奥拉（Fabiola）

在未来的几年里，我们可以看到更多点对点和在线学习的方式，使我们对社会化学习活动的依赖性更大。而且，实时学习将优先发生于那些提供专业的认证或学位的学习。最终，这些新方法将完全取代内部的补充培训课程。

可尽管其他学习机制正在兴起，但学位仍然很重要。如今，人们可以获得任何学科的在线学位学习机会，既简单又实惠。小规模限制性在线课程（Small Private Online Courses，SPOC）平台提供了小型的私人在线课程，比大规模的开放式在线课程（Massive Open Online Courses，MOOC）更有公信力。MOOC往往有很高的流失率，而SPOC在线平台则提供使用混合学习的小班授课。它通常由视频讲座组成，然后是问答环节，允许观看者与其他学生进行互动。由于其个性化的教学方法和与老师、教授的直接沟通方式，让SPOC越来越受欢迎。

> 我们在尝试用新的人工智能技术来提高员工的参与程度，每周都有虚拟助手与团队中的每个员工会面。虚拟助手会理解你说的话，分析它是积极的、中立的还是消极的。然后结果会被汇总到一个平台上，整个团队都能看到。它很透明，而后我们会一起回顾结果，分析应该怎样改进。
>
> ——莱拉（Leila）

众包学习（指的是一个公司或机构把过去由员工执行的工作任务，以自由自愿的形式外包给非特定的大众网络的做法）也越来越受欢迎。从T恤设计到专业技术问题，人们越来越频繁地从人群中寻找设计解决方案。这是一种以极低成本利用大众专业知识的方式。

这里有几个众包学习项目的例子。全球学习XPRIZE开发出可扩展的、基于技术的解决方案，以改善资源有限的国家教育。MentorMob是另一项学习项目，它组织某一学科领域的知识专家为其他人收集文章和视频资源。维基百科使用众包将他们的文章翻译成不同的语言。CourseHero提供在线众包学习文档、专家导师和可定制的教学卡片。这一趋势正在迅速发展，越来越多的人群可以使用这些学习资源。

> 要让人们从小错误中自由地学习。通过在安全环境中创造犯错的可能，人们才能真正地采用直观的、适应性的方式来学习。如果你创造机会，他们会不断学习，然后向前迈进。
>
> ——瑞娜（Riina）

一门叫作"适应性学习"的学科也在兴起。这个方法允许人们以适合自己水平的方式学习他们想要的内容。这一设计让工具能跟学生一起进步，将学习内容和信息与学生的兴趣匹配。适应性学习很有效，因为它可以让人们学会他们需要的知识和方法，而且速度与他们的水平相符。

> 如果我是 HR 部门的首席人力资源官，我就需要在系统中思考自适应团队和自组织团队如何一直在自身的环境中进行微观学习。因为不断学习和持续的发展将会是组织最重要的过程。
>
> ——瑞娜（Riina）

三、敏捷学习

> 敢于实验，并在这种模式下建立组织。一个组织应该如何行动，没有现成的解决方案。我们有很好的实践经验，但是没有最佳的实践经验。实验和学习需要在跨职能团队中进行。
>
> ——比约恩（Björn）

敏捷是建立在这样的理解之上：人们在小批量的学习中效率最高。我们已经多次提到这个概念，因为它是敏捷方式的核心。在这种情况下，员工快速地处理较小块的信息，而不是关注对所有事情大的、全面的概括。

敏捷学习的成功在于将责任从管理者身上转移到员工身上。员工设计自己的时间表、任务清单和学习目标。为了实现这种转换，应该把管理的重点关注在创造让人们能沟通和交流的环境上。

四、学习：从传统方式到敏捷方式

传统方式	敏捷方式
每年几次	每月几次
按天	按小时
外部资源	内部指导
一刀切式	按照需求
个人的	团队的
要求参与	主动加入
连续	迭代
计划的	按需求的
综合的	有选择的
最佳实践	实验性的

敏捷学习能够创造出 T 型人才，他们的技能既有广度又有深度。拥有这些技能的人有时也叫专业通才或广义专家。在个人层面上，T 型人才根据他们的兴趣，在特定领域发展出广泛而全面的能力基础，并拥有深入的知识。在整个组织中，团队和部门之间的积极轮换可以实现对 T 型人才的培养。这是一个不断尝试、犯错和学习的过程。员工尝试他们适合什么，他们在哪里表现最好，以及他们如何最有效地为组织和自己的发展做出贡献。

从团队的视角来看，T 型人才意味着更多的灵活性，因为他们能交换任务，尝试不同的职位。他们能够一起在小型的、不断变化和发展的团队中工作，从而减少了瓶颈期。T 型人才也能帮助减少职位，因为他们拥有不同领域的技能。即使是那些有一种特殊技能的人，由于他们广泛而全面的能力，他们仍然能够在跨多个职能和团队的情况下提供价值。

标准的工作描述被认为是过时的和有局限性的。人们普遍认为，职位描述是可以站上去的盒子，而不是生活在盒子里面。它们应该作为成长的基础，而不是限制成长。工作描述是一个起点，只要对整个组织有利，人们可以自由地朝着他们觉得有兴趣、有挑战和有价值的任何方向发展。

敏捷的重点是使学习变得很容易。员工应该有自由和灵活的实验机会，可以吸收新信息，而不是使用所谓"最佳实践"和"基准数字"。最佳实践对于每个公司都是不同的，它对于别的公司可能是最好的，但我们需要寻找自己的方法。

"午餐学习"是一个快速学习的方法。这个短语源于一种理念：人们应该在午餐时间探索新事物和交换新观点。

> **最佳实践已死**。当然，您可以设立标杆并为之学习，但是您应该了解的是这些组织为什么决定要做某些事情。所以，您要了解组织的内部机制和决策点，而不是流程和工具本身。
>
> ——瑞娜（Riina）

工作中"结对"的概念是另一种流行的实践，也就是人们结对进行设计、测试、管理或仅仅是一起探索新的想法。它基于伙伴关系系统的理念，即有一个伙伴"结对"可以帮助人们对自己、对伙伴和公司更负责任。

即使在伙伴关系中，自力更生和自我发展在敏捷学习中也是至关重要的，它是每一件事情的起点。如果你对自己、你的教育、你的幸福都不感兴趣，你怎么能期望别人有兴趣呢？

知名学者和作家艾萨克·阿西莫夫（Isaac Asimov）说过："我坚信，自学能力是唯一的教育。"

如果你不接受学习，你就无法学习，就会落后。我最喜欢的一部动画片里有个情节是两个人试图把方形轮子的车推上山坡。有个人站在路边，拿着一个圆形轮子对他们挥手，说："嘿，伙计们，我有个办法！我知道怎么能快点上山！"两个人都嘲笑他，对他说："走开！我们正忙着呢。你就不能去找点事干？"卡通片让我想起了我的一些同行，他们总是说没有时间学习，没有学习费用的预算，而且所有的员工都好像真的忙得不可开交。

> 敏捷并不区分工作和学习。你有你自己的回顾会议，你有每日站会，你有你的团队，他们参与并帮助你，因此你是在始终学习并不断改进的。
>
> ——法比奥拉（Fabiola）

五、团队发展的四个阶段

苏珊·惠兰是美国宾夕法尼亚州费城天普大学的教授。她研究工作团体及其发展已有近三十年的时间，她从心理学的角度改变了人们对团队发展和动态的理解。惠兰教授通过对团队发展的广泛研究发现，团队在发展中要经历四个不同的阶段。

第一个阶段，团队严重依靠管理者进行决策和规划方向。团队中的个人通常对彼此都非常有礼貌，对争议和分歧总是小心翼翼。基本上，他们并不是他们自己。发展到第二个阶段，团队成员开始争吵。当他们试图找到自己的角色时，他们会质疑管理层和彼此，冲突便在所难免。第三个阶段，人们开始冷静下来，因为他们已经找到了自己的角色，并且理解了自己在团队中的位置。他们可以放松和专注于富有成效的工作。在第四个阶段，团队成员90%的注意力集中在有成效的工作上。当团队逐渐发展到这个阶段时，管理者已经融入了团队当中，并成为有贡献的一员。在第四个阶段，团队会呈现出很好的表现。

为了达到成熟的阶段，一个团队必须经历这四个阶段。这个过程需要花时间，而且不能强迫。它必须是一个自然的转变，从一个阶段到下一个阶段。有些团队永远停留在第二或者第三阶段，但是目标是达到第四阶段，因为这样对管理的需求就会大大降低。

管理的必要程度取决于团队的成熟度和组织的结构，并不是所有企业都需要正式的管理结构。只要有一群人，不论是否有结构，都会有人承担起非正式的领导角色，而领导角色也会随着团队的目标而变化。在敏捷理论中，对某个领域有深入认识的人会被认为是非正式的领导者。当团队目标变化时，非正式的领导者也会发生变化。

如果企业的领导者和管理者希望看到未来，他们需要把精力投入到使组织可持续的发展上。未来的公司把持续学习和发展视为一种投资。你所在的公司，重点是什么？有长远目标，还是只关注短期收益？敏捷会创造一个环境，在这个环境中，人们可以成长和发展，并对自己、对彼此、对公司、对社会做出回报。实现这一目标的最好的方式就是通过不断地学习和发展。

六、安全感与学习

我相信在职场上需要心理的安全。事实上，没有人愿意上班时自己看起来是愚蠢或无能的，我们都想让自己看起来是聪明和乐于助人的。但如果我们说的话会被人误解或有可能被人背叛时，我们会选择沉默。

所以，就算有时有问题需要回答，我们也会安静地对待。大多数时候，我们忙于顾忌彼此之间留下的印象，不会说出我们的真实想法或者提出我们的真实需要。这也是一种心理安全感的缺失，我相信，当我们在职场拥有足够的安全感时，会更愿意发声，会更愿意提出或回答问题。

哈佛大学商学院的艾米·埃德蒙森（Amy Edmondson）教授对职场中的心理安全感以及它对学习能力的影响进行了重要的研究❶。她的研究显示：在职场中，安全感和动力与责任感越强，对学习能力的影响程度就越高，如图 8-1。

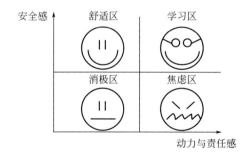

图 8-1　安全感和动力与责任感对学习能力的影响

---

❶　艾米·埃德蒙森，《创建一个心理安全的职场》，2014 年 5 月 4 日，https://www.youtube.com/watch?v=LhoLuui9gx8&feature=youtu.be。

如果你是一名管理者，你将如何建立心理安全？你如何创造一种环境，使人们能够自由地发言、承认错误，使每个人都能从中吸取教训？作为一个领导者，你要承认组织面临着巨大的不确定性和相互依赖性。如果你处于不确定的情况：

- 我们不知道未来会发生什么，我们需要每个人都提出想法来为组织寻找最好的前进方向。
- 你必须承认自己的错误——你不是完美的。当事情不正确的时候，创造必要的、可以承认错误的安全环境。
- 多提问题，以表明你不知道所有问题的答案。

如果你做到了以上三件事，你就可以通过提问让人们在犯错之前和之后（最好是在犯错之前）最大化地进行学习，整个组织就可以更快地进步，这就是目标。

在未来，竞争力完全取决于知识、持续学习和创新。最具竞争优势的公司应该是学得最快并且把学到的知识变成新产品和服务（客户希望和需要）的公司。

七、职业规划和继任管理

> 在敏捷背景下，可以没有清晰的职业规划。但是，你应该有一系列开放给员工的职业机会。
>
> ——比约恩（Björn）

职业规划一直是人力资源部门的职责，重要部门的经理和专家的继任管理也是如此。职业规划和继任管理之间的区别在于职位的高低。对于大公司中最重要的职位，一旦职位出现空缺，HR 会考虑大约 100 人来填补这个职位。这个过程通常是秘密进行的，没有人知道谁是接替重要职位的候选人——在大多数情况下，甚至连候选人都不知道。

在我看来，这是对人才的浪费，在一个组织中有很多有能力的人，但他们从来没有机会被考虑，因为没人知道他们。不管怎样，这样的讨论在敏捷公司是多余的，"继任计划"在中小型的公司也不存在。管理角色是一个伴随层级和管理职位而来的概念，当管理角色发生变化时，流程也会发生变化。

> 旧式继任计划或者职业规划已经没有意义了。当职责超出职位描述的范围时，它们就很难被应用。当今的职业规划并不是固定的步骤，以确保你能晋升到一个管理职位。第一，不是每个人都想做到管理层。第二，从企业的角度，我们不需要那么多专家。我们需要的是创造不容易受影响的团队，并对团队总体上的能力和技能有更广泛的认识。
>
> ——莱拉（Leila）

传统企业敏捷转型的第一步是让更多的或其他的候选人可能被考虑担任领导者的职位。选择的流程应该是透明的，而且理想状况下，员工应该有机会投票决定自己的领导——有点像选举。为什么民主在商业中行不通，而在政治中却很有效呢？

> 职业发展需要更加灵活，当然，我们仍然需要使用传统的职业规划框架。例如，开发人员最终成为高级开发人员。大概有 80% 的人都会这样，但这并不是唯一的选择。也许你会说："我真的很想从事市场营销，我觉得我有这方面的天赋。"那我们就试试能不能成功。如果没有，我们会帮助那个人在公司内或者外部找到其他职位，这就要求组织对职业发展更开放、更灵活、更包容。就像"我想减少工作量"这个诉求不应是影响职业发展的"杀手"，"工作并不是员工生活中唯一的选择，它必须等于员工愿意投入的时间和精力"。
>
> ——法比奥拉（Fabiola）

我们付出很多努力帮助员工在公司发展，以及为组织中不同的人寻找合适的职业机会。通常，这有一些固定的步骤，也意味着这些人在将来要承担某种管理角色。不过有些人可能想横向跨一步（同级别调职），学习一些新技能（拓展能力），或者深入学习某个领域内的技能。有些人也可能想要暂时退后一步，把精力放在他们的孩子或者生病的家人身上。如果员工职业规划有这样的需要，组织应该越灵活越好。

员工在过去的组织中不是升职就是离开，但是现在，员工在企业中应该能上能下，能进能出，可以调动职位，也可以转换职业道路，组织能进一步适应员工人生中不同阶段的情况。组织中的这些改变都应围绕着能更好地培养员工的能力，并带给员工更高的满意度和更高绩效的成长方式展开。

> 我们做的事情叫作"成长谈话"。这是专注于以优点为驱动的能力培养。我们不在谈话中谈论员工的缺点或者需要改进的地方，或者根据评级给他们打分。我们认为使用以上这种带有行业术语或特定工作方式的讨论会给员工造成一种安全感缺失的环境。这不是组织应有的成长思维，也不是我们想要创造的组织环境。
>
> 虽然"成长谈话"还在试行阶段，我们才刚开始尝试，但我们关注一切积极的结果。我希望我们的组织能朝着以优点为驱动的方向发展，以确保我们所做的事情能够创造员工的工作动力和幸福感。我们希望我们的员工第二天想去上班，是因为有人关心他们的优点。我们尽力帮助他们处理那些消极的、给他们负能量的东西。
>
> ——莱拉（Leila）

八、（职业规划和继任管理）从传统方式到敏捷方式

传统方式	敏捷方式
严格的职业规划，升职或者离开	没有严格的职业规划
目的：升职、加薪	目的：能力培养
事先设定的头衔	自己设定头衔
管理者决定下一任管理者	员工提名下一任管理者
不透明的流程	继任管理透明化
Excel 表格中的几位候选人	公司的所有人都可以被考虑

第九章
赖斯动机图谱

"潜意识心理动力学中的价值观,在驱动着人类的精神世界。"

——史蒂文·赖斯(Steven Reiss)

为了更好地了解敏捷价值观和原则，我想用一个章节来介绍赖斯动机图谱。它是一个可以更好地帮助你了解你自己和他人的模型，它强调主要的动机，以便人们能够更有效地与团队成员沟通，了解可能发生冲突的地方。这个模型可以用于招聘、绩效、领导力、团队协作、婚姻、运动、教育，以及很多需要更好地了解自己、他人和人际关系的情况。

> 你要欺骗你的大脑。你需要找到一个方式让自己对那些不感兴趣的事情感到有动力。这也是一种技能，因为你不能保证喜欢你需要做的每件事情。你需要把它放在一个更大的背景下，使其更有意义。
>
> ——塞西莉亚（Cecilia）

一、史蒂文·赖斯博士和赖斯动机图谱的起源

赖斯动机图谱是史蒂文·赖斯博士在 1995 至 1998 年进行的实证心理学研究的成果。当他接受肝脏移植手术之后，在医院里便产生了这个想法。他躺在床上，开始思考为什么护士对病人这么好。他们似乎有无限的耐心，尽管有些病人

的态度很糟糕，他们依旧笑容满面并努力做到最好。

赖斯博士对自己发誓，如果他能康复出院，他将会利用余生研究人类的动机以及人们种种行为的原因。肝脏移植手术之后他又生存了 14 年，他信守承诺，一直在研究关于人类的动机问题。遗憾的是，赖斯博士还是去世了，他的遗愿是每个人都能利用赖斯动机图谱去了解自己独特的动机。

早在弗洛伊德之前，人格心理学以及是什么让人类"运转"的问题就一直是令人着迷的主题。人们使用不同的方法一直试图弄清楚人们是如何思考，以及他们为什么会有这样的行为，MBTI 测试（迈尔斯 - 布里格斯类型指标，Myers-Briggs Type Indicator）和 DISC 测试 [D，Dominance（支配性）；I，Influence（影响性）；S，Steadiness（稳定性）；C，Compliance（服从性）] 是两种广为人知并被经常使用的人格测试。

赖斯方法的不同之处在于他相信人们的动机来源于基本欲望，这些欲望在不同程度上体现了他们的价值观。赖斯认为，行为是一个人内在价值观的结果。

> 十六种基本欲望可能与遗传基因有关。他们通过使用来自四大洲（北美洲、欧洲、亚洲和大洋洲）和不同文化背景下的样本证明了这一点。此外，有些欲望在动物身上也可以观察到。如动物抚养孩子（表示出对家庭的欲望），保护自己（表示出对反击的欲望），性行为（表示出对浪漫的欲望），表现出恐惧（表示出对安宁的欲望），表现出支配地位（表示出对权力的欲望），进食（表示出对食物的欲望），以及锻炼（表示出对肌肉运动的欲望）。
>
> 文化背景和教养会影响人们欲望的强弱，有些欲望在某些文化背景和家庭环境下可以得到鼓励，但是在其他的文化背景或家庭环境中却受到抑制。例如，父母为老师的家庭可能会鼓励孩子很小就开始读书；父母为运动员的家庭可能会鼓励孩子多进行体育活动；住小公寓的父母可能不鼓励孩子无拘无束地奔跑。这些教养方式的不同，特别是在幼年时期的教养方式不同，可能加强或减弱一个孩子天生的自然欲望。

> 文化背景和教养也在人们决定如何管理和满足欲望上发挥着重要作用。每个地方的人都被饥饿、权力、好奇心等驱使,但他们吃的食物、实现自己目标的方法以及花时间学习的东西却各不相同。
>
> 虽然我们的欲望有基因成分,但是我们往往会在人生中有一些相同的基本目标,且人们的基本欲望和内在价值不会变化太多。好奇的孩子往往会变成好奇的青少年,然后变成好奇的大人。食欲好的人往往一生都在跟体重作斗争。喜欢计划和组织的人,在青少年时期和成年时期都是如此。我甚至怀疑,随着年龄的增长,影响这些欲望的潜在基因不会发生太大变化。
>
> ——史蒂文·赖斯❶(Steven Reiss)

MBTI 测试和 DISC 测试的理论观点植根于卡尔·荣格(Carl Jung)的学说,史蒂文·赖斯则不同,他专注于动机的研究。四代哈佛心理学家,1842—1910 年的威廉·詹姆斯(William James),1871—1938 年的威廉·麦克杜格尔(William McDougall),1893—1988 年的亨利·默里(Henry Murray),以及 1917—1998 年的大卫·麦克莱兰(David McClelland),他们的研究都显示心理需要是行为中心的组织核心。

> 你永远无法激励别人。你唯一能做的事情就是研究动机的先决条件,或者确保有一个能够激发动机的环境。确切地说,这种环境因公司而异,因个人而异。
>
> ——塞西莉亚(Cecilia)

通常,心理学家提出理论,然后通过研究来证明他们的理论。赖斯博士则从不同的角度展开他的工作,他的方法不是基于理论,而是以实地调查和收集资料为基础。他采访了很多人,询问是什么使他们有动力。他想知道什么让他们快乐,什么驱动着他们的行为和举止。他收集了几千人的回答,还引用了很多其他国家和地区的调查数据。

---

❶ 史蒂文·赖斯,《赖斯动机图谱:什么动机在驱使你?》,IDs 出版公司,2015。

赖斯博士的所有调查都是通过采访收集的。通过对六千多人的采访，他收集的数据显示人类是由 16 种基本欲望所驱动的。这是关于人类欲望的第一个经过实证检验和验证的研究。一个人的赖斯动机图谱就像他的指纹一样，没有两个人是完全相同的。

> 所有人都有百分之百的动力去做某件事，前提是去除阻碍他发挥动力的东西。
>
> ——比约恩（Björn）

二、什么是基本欲望

大多数人早上醒来时都不会思考自己是谁，他的人生目标是什么。他们只是一觉醒来，开始今天的日常事务。赖斯博士研究发现，人们觉得自己像机械一般被推动着做事情和决策。

> 我们正在从很多不同的方面改变人们的行为。有些变化是非常明显的，有些变化是非常微妙的。例如每日站会，因为你的站立导致身体在运动，而产生了一些不同的效果。比如，当你站着的时候，大脑会比坐着的时候记住更多信息。我们在敏捷中引入的微妙变化有时很难让人们理解，因为他们会想"这有什么新奇和不同的？"。
>
> ——法比奥拉（Fabiola）

我们做的每件事都是由我们的基本欲望驱动的，这些基本欲望显示出我们内心深处的价值观。我们的内在动机告诉我们，我们需要在生活中拥有基于价值观的幸福，在理想的情况下，它是持久的和可持续的。我们内心最深处的需求随着不同程度的自我意识和强度出现，有些人与他们的需求非常合拍，而另一些人却从不把他们的需求放在心上。人们太忙于日常活动，从而忘记了从长远的角度去看自己是谁，他们为什么要做他们所做的事情，以及他们的目标是什么。

当你知道是什么在驱使一个人的时候，这个人的行为就更容易判断。当然，人们也会随着不同的情况和原因调整自己的行为。赖斯动机图谱帮助我们了解了一个人最自然倾向于什么价值观，或者他们最幸福的地方。

> 我喜欢 HR 的原因是我对这个问题感兴趣："为什么人们每天都去上班，却讨厌自己的工作？"或者反过来说，"怎么让人们真正喜欢他们所做的事情，并让他们去工作？"
>
> ——塞西莉亚（Cecilia）

现在，世界上有超过 10 万人参与了赖斯动机图谱的调查，他们回答了 128 个问题并得出属于自己的图谱，这项调查的结果大大改善了他们与其他人的交流方式。虽然我们的优先级有所不同，但是每个人都可以清楚地显示出有 16 种基本欲望。

16 个基本欲望的强度或者说缺乏程度，是赖斯发现的最有趣的地方，尤其是当涉及对自我的理解方面时更显有趣。每个人都试图在某些方面增加自己所持有的价值观的重要性。我们错误地认为并说服自己"这是对我最好的，也是对其他人最好的"，这种理由导致你试图将自己的价值观或主要的驱动力强加于他人。赖斯把这种做法称为"自我拥抱"和"日常暴政"。"你自己的基本欲望，以及这些需求的程度，对你来说都是独一无二的。"它们不能强加于他人，虽然我们常常是这样做的。当我们意识到差异时，我们以为自己可以停止试图改变他人价值观的行为，但实际上这是不可能的。

真正的问题是，我自己的行为意图是什么？赖斯动机图谱中的反馈有强有弱，而且从不变化。它们来自基因，像 DNA 一样独特，而且是不能选择的。它们还有以下特点：

- 自动发生。
- 激励你所有的行动。
- 揭示你的内在价值观。
- 展示你需要的基本幸福。
- 以不同程度的自我意识发生。

赖斯动机图谱的调查是在线的，大概需要被测试者在 15 ～ 30 分钟完成 128 个问题。例如回答以下的问题：
- 你的意图是什么？
- 你的内在动机是什么？
- 哪些习惯对你很重要？
- 你相信什么？

我们的习惯和信仰源于出身和成长的文化。我们的技能、知识和行为受到周围事物的影响，比如我们出生的国家和我们成长的家庭，但是 16 个核心价值观是全人类共有的。

赖斯博士想出了一个评分系统来评估每个驱动力的强弱。很明显，不同的人会有不同的强弱，从最强到最弱都有。落在评分边缘的人更特别、独特或者奇怪。我们可以用积极的或消极的语言来描述每一种驱动力，但真正重要的是如何描述自己与他人的关系。人们倾向于用积极的方式来描述自己的强需求和弱需求，用消极的语言描述他人，尤其是他人与自己的差别越大时，人们对他人的评价也就越消极。

让我们以"独立"的欲望为例，看看这项的得分意味着什么。如果你刚好处于两者之间（既不强，也不弱），那么你就是一个可以根据情况做出独立决定的人。你可以自己做决定，当别人做决定的时候你也可以接受，是否要做决定对你来说并不重要。

如果你的得分很高，意味着你非常独立，不太喜欢与他人一起工作；不喜欢获得帮助或者寻求帮助。不过，如果你非常独立，同时又非常外向，你也会在大多数时间里与他人一起合作，但你只会用你希望的方式与他们合作。

我们与和自己截然不同的人相处是很有挑战性的。尽管我们都很努力地寻找共同点，但冲突往往是由我们各自最主要的激励动机之间的差异所引起的，而那些得分处于中间的人更容易去理解双方。

我喜欢向人们介绍赖斯动机图谱，因为它帮助我们看清自己——不是我们眼中的自己，也不是他人眼中的自己，而是真正的自己。当我们与我们的价值观和动机能和谐共处时，将会给我们的一生带来最大的满足和幸福。当我们了解自己的价值观时，我们能够根据自己的意图，自始至终认清我们自己。这些意图几乎是对其他人不可见的，有时甚至对我们自己都是不可见的，但是赖斯动机图谱可以将它们展现出来。

三、人的 16 种基本欲望

为了更好地了解自己和周围的人，让我们看看 16 个基本欲望到底是什么。我将带读者看看每个动机是如何在一个人的行为中表现出来的，且这种驱动力是强、是弱还是中等。

1. 权力：影响和领导他人的欲望

权力得分高的人希望控制所有局面。有些人说这类人善于控制别人，也有人说他们有野心。他们喜欢影响他人，并承担领导的角色。

当一个人缺乏权力的动机时，意味着他们更注重服务，更享受与人直接共事。他们没有导向性，比起领导别人，他们更愿意支持别人的决定。低权力动机的人喜欢躲在幕后，避开聚光灯。

世界需要各种各样的人，理解人们的不同是很重要的。与我一起工作的好朋友，他的权力得分很高，但是我们另一个同事的得分很低。就我个人而言，我倾向于中低范围，所以我被认为是"中等"。因为我们的不同，我们才可以互补。

2. 独立：自力更生的欲望

这种动机说明了一个人是擅长独自工作还是可以在团队中表现得更好。那些渴望独立的人更喜欢自主，不想依赖他人。有时候，高度独立的人会在自己和他人之间建立情感上的距离，这样他们就更容易独处。

我们家的六口人中，其中三个人是独立的。而剩下三个独立欲低的人往往很难与他们相处。我们希望有共识和亲密感，但是其他三个人希望自己做决定，而不用问其他人。

就我个人而言，我喜欢和别人在一起，并有亲密的情感关系。相互依赖对我来说很重要，所以我喜欢和团队一起工作，一起做决定。没有正确或错误的方法，但了解别人可以使我们相处得更好。通常来说，致力于敏捷的人们往往独立欲低。想象一下，两个价值观完全不同的人一起工作可能会出现的问题，了解彼此的差异才能帮助人们互相理解。

3. 好奇：对知识和思考的欲望

好奇得分高的人非常需要了解事物运作的方式。他们往往会成为教授和研究人员，或者涉及需要深入思考的行业。并且，他们喜欢就不同的话题进行讨论和辩论。赖斯博士的好奇心就很强，他喜欢用新的方式思考问题，提出创新的想法。

那些缺乏好奇心的人是务实的，往往是实干家，而不是思考者。他们更喜欢行动或规则，而不是深入思考事情是如何运作的，这类人在没有太多计划的情况下就能开始行动。

4. 认可：融入的欲望

那些认可欲望高的人希望被他人认为是集体中的重要成员。他们需要反馈和表扬，需要一直听到积极反馈，如果听不到，他们就会失落。你认不认识这样的人（或者可能你自己就是这样的），他们需要别人不断鼓励，需要听到别人说"我爱你，你看起来太棒了""你真聪明，继续努力"，等等。

而另一方面，认可欲望低的人更自信，自尊心更强。他们不会太在意别人对自己的看法。因此，他们可以接受批评和建设性意见并不断进步。

> 人力资源部门应该采取措施，创建一个学习型组织，鼓励一种信任、诚实和互动的文化，从而得到快速和定期的反馈。
>
> ——法比奥拉（Fabiola）

5. 秩序：对于秩序、组织和稳定的欲望

渴望秩序的人往往需要稳定和结构才能感到放松。他们喜欢提前计划，遵守时间表，这可以通过家里的整洁或整齐程度表现出来。那些不重视秩序的人是自发的和灵活的。他们不喜欢受计划的约束，在做决定的时候"即兴发挥"。

我个人就存在秩序不平衡的现象。我曾担任一个项目的项目经理，这项工作需要秩序和组织，需要大量的提前计划、规划安排和后续工作。我需要时刻注意人们的言行，在专业层面上，我需要高度有序。然而，正如我后来了解到的，我对秩序的内在欲望很低。我更喜欢摆脱任务，需要灵活性、自发性和即兴发挥。当我发现敏捷的时候，我非常激动。它给了我一种按照我的基本欲望运作项目的方法。我再也不用和有序的方法作斗争了。作为敏捷项目经理，我更加享受工作了。

6. 收集或收藏：收集东西的欲望

收集就是累积东西。有些人不想扔东西，他们把每件东西都保留着，每种记忆都保留着。

收集欲强的人会积攒、修理或者修补他们买过的所有东西，他们喜欢拥有和维持的感觉。收集欲强的人往往会评价他们自己节约或者可持续意识强。

另一个极端是不愿留下任何东西的人。他们想要摆脱财产和所有权的负担，东西对他们来说几乎或根本不重要。他们往往相当慷慨，但有可能接近浪费。

致力于敏捷的人们往往收集欲低而不是高。他们希望分享信息和知识，帮助他人成功。他们往往倾向于给予，而不是控制。

7. 荣誉：忠实于父母、道德观念、原则的欲望

荣誉与我们的行为有关。如果荣誉对你来说很重要，你就很看重自己的原则、道德和伦理。荣誉感强的人重视传统，他们可信、忠诚、正直。对于荣誉感强的人，"怎样做"往往比"为什么"重要。因此，做事的方式比最后结果更有

价值。

那些不看重荣誉的人往往更有目标导向性。他们专注于做可能和必须的事情来达成最终的结果。

我是个荣誉等级低的人，意味着我不喜欢等待，我只是想以最快的方式（换句话说，以一种便捷的或目标导向的方式）到达终点。荣誉等级处于中间的人通常可以采取原则性或目的性的方法。

8. 理想：对于社会正义的欲望

理想主义与社会正义、利他主义和公平息息相关。高度理想化的人总是在考虑他人——不只是与自己亲近的人，是所有人类。你可能看到他们在世界各地帮助穷人。他们希望改善社会本身，以便让世界更美好。

那些理想欲望低的人更现实。他们承担责任，通常把自己放在第一位。他们不太关心别人，当他们看到有人在街上乞讨时，很容易视而不见。而那些致力于敏捷的人们往往有一点理想主义。

9. 社交：对同伴的欲望

有些人强烈地希望与他人共度时光，他们外向，擅长社交。内向或者外向的特征在心理测试中很常见，在 MBTI 测试和 DISC 测试中都有。有些人无法忍受孤独；相反，有的人喜欢独处，他们认为这种感觉胜过一切，他们甚至会把独处的时间写进日程安排表。

完全避免跟他人接触是不可能的，极少数的企业家和研究工作者可以只与很少的人交流。然而，还有大多数人则需要在开会、聚会、旅行或吃饭的时候和一大群人在一起，否则他们会无法正常工作或觉得孤独。

10. 家庭：抚养自己孩子的欲望

越来越多的人选择不生孩子或者不结婚。虽然传统的家庭观念仍然根深蒂固，但它正在发生变化。不是每个人都希望有家庭，也不是每个人都认为家庭就是一切。

重视家庭的人和不重视家庭的人有很大差别。不重视家庭的人可能认为家庭是负担，或者限制了他们的自由，而重视家庭的人无法想象没有家庭的生活。其实，很少有人对成家持绝对的"要么接受，要么放弃"的态度。

我与很多家庭欲望低的人一起工作，他们很多人也已经为人父母。当我询问他们为什么要孩子时，他们往往解释说这是为了配偶或父母，或者是因为来自同龄人的压力——不是因为他们自己想要孩子。在看赖斯动机图谱的调查结果时，很容易看出他们的内心和想法是什么，很多人生活的方式与他们的基本欲望并不相符。

11. 地位：对于社会地位的欲望

地位意味着希望比其他人稍微高出一等。地位欲望强的人喜欢与重要人物或者名人相处，而且他们认为物质财富是地位的象征。比如说，他们可能有豪车，住在豪华社区的大房子里，穿最新潮的衣服。他们可能享受工作带来的重要头衔，并热衷获得他人的尊重。

地位欲望低的人更加脚踏实地。他们不拘礼节，喜欢和其他人一样。他们不追求在某些品牌的商店买衣服。他们可以少赚点钱，开一辆不起眼的车，他们认为交通工具是实用的，而不是地位的象征。致力于敏捷的人们往往地位欲望更低。

12. 复仇或胜利：扯平与获胜的欲望

反击欲强的人重视竞争、进攻和冲突。他们认为争论是必要的，还能让人变得更加积极。反击欲强的人往往不满足于"友好竞争"，他们很重视胜利或者自己在不在正确的位置上。如果有人做了让他们觉得错误的事情，这个人就要小心了！他们不会让错误的事情过去，而是会教训得罪他们的人。当然，这种欲望也是成功的运动员不惜一切代价赢得胜利的动力之一。

反击欲望低的人喜欢和谐，不喜欢冲突。实际上，他们往往避免冲突。反击欲望低的人往往会在争吵中寻找共同点，达到共赢。致力于敏捷的人们反击的欲望不高。

13. 美丽：对于美丽的欲望

大多数艺术家或者具有创造力的人对美有很强的渴望。他们欣赏美丽的事物和秀美的自然风光。爱美之人可能会花很多时间装点自己的家，或者参观艺术博物馆欣赏雕塑、各类画作或者其他艺术品。那些不太重视美的人大概率只会关注事物是如何运作的，他们对事物的机制和运作更感兴趣，而不是被外表吸引。

14. 食欲：对食物的欲望

有些人整天想着食物。他们可能早上上班时就想着中午吃什么，然后就是晚上吃什么，甚至他们会提前好几天计划晚餐吃什么。他们会在脑海里逛超市，列出要买东西的清单。他们享受思考、准备和品尝食物的过程。

食物被看作像燃料一样的必需品。这些人认为食物是能量的来源，或者他们对吃的真的很讲究。

在工作环境中，人们很容易低估食物对一些人的影响。例如，在午餐时间安排会议可能会让那些非常看重食物的人感到焦虑。他们担心会议推迟，影响他们吃饭。当他们进入会议室的时候，如果没有零食或咖啡，他们会在肚子开始咕噜咕噜叫的时候，尽一切可能加快会议进程。

15. 运动：锻炼肌肉的欲望

有些人要跑上五公里或者工作到精疲力竭才能高兴。我就是这种人。我可以充分理解那些每天不能锻炼就不舒服的人。如果我两三天没有锻炼，可能就要坐立不安了。

相对于运动和体育活动的欲望，有些人对于静态和不活动的欲望一样强烈。不喜欢运动的人特别恐惧运动，喜爱运动的人则特别期待。

16. 安宁：对于情绪平静的欲望

那些对于安宁有强烈欲望的人容易在压力下受到影响，他们需要尽可能安全及平和的环境。他们喜欢事情的可预见性而不是自发性，他们往往会避免不必要的风险。他们喜欢稳定的环境，想要提前知道周围的任何变化。

安宁欲望低的人不怕挑战，喜欢拥抱未知。他们在压力大的情况下可以很冷静，大多数企业家都不太需要安宁。他们中的很多人喜欢极限运动，像尝试跳伞或者练习摩托车竞技都很常见，而且善于接受风险性大的投资项目，例如股票。

四、赖斯动机图谱在关系中的价值

一个人的基本欲望的组合构成了复杂的个性。每个人都有不同的动机，在表面上是看不到的。我们可以看到别人的行为举止，但我们不知道他们的内心为什么会这么想，或者是什么原因让他们这么做，所以行为背后的原因是隐藏的。

当你的动机以正确的方式使用时，你的生活可以大大改善。当我第一次使用赖斯动机图谱，并用结果解读自己的时候，我的世界豁然开朗。第二次（也是我第一次接触敏捷的时候），我明白了为什么我做项目经理总是很吃力。因为工作所需的行为与我内在动机是相反的，我实际上是在和自己交战。对于秩序的描述更加说服了我，让我产生了共鸣。我在想："阿哈，这就是为什么我这么不满意自己的工作。"这也让我理解了自己人生中的另一个困惑，并且我更加坚信自己是一个有敏捷个性的人。

当我面对真实的自己时，我能够将这些信息应用到职业和个人生活中。我经常问，在这种情况下，我怎样才能最好地发挥自己的长处？是什么让我感到不舒服，为什么不舒服？我怎样才能在最适合自己的情况下工作？

赖斯动机图谱是一个人生的框架。它不是改变的良方或者解药，但它帮助你根据自己的内在价值观建立最好的生活。敏捷与赖斯动机图谱相结合，能帮助你理解每个人的独特之处，打开一扇不可思议的大门。它包容所有不同的工作方式，为每个人都留出了空间。

当人们能够找到其他人身上的某种动机时，就能加强彼此的合作和欣赏，也可以在悄然中理解为什么其他人这样做事。在赖斯动机图谱解释清楚之前，我们可能只是假设有的人天生渴望权力，或者是一个与众不同喜爱孤独的人，或者可能有某种极端的人格。

赖斯动机图谱在企业中的应用增加了个人参与感，同时它也是团队发展非常有用的工具。所有团队都是由具有不同动机、不同需求和不同目标的人组成的，赖斯动机图谱通过提高认知来帮助减少人们的压力和不满，提高对自己和他人驱动力的认识，改善合作并加强人与人之间关系。它可以帮助我们清晰和直观地看到团队的动机，解决成员之间价值观和行为上的冲突。

赖斯动机图谱在人际关系上也非常有用。之前提到过的，我必须进行体育锻炼，否则就会发疯。我的伴侣恰恰相反，他关于运动的想法极少。但是这一点的不同没有影响到我们的关系，我们能认识到彼此的不同并且愿意互相妥协。我不期待他早上6点起床跟我一起跑步，但是我知道如果他偶尔在周末和我一起跑步，就已经是尽最大努力来让我开心。这虽然是一个简单的例子，但它也适用于处理更重大的问题。

谈到婚姻或者爱情关系时，这个问卷也可以给你帮助。你们的答案越相似，你们越容易在一起生活。"物以类聚"就是这个意思。为了避免之后的冲突，最好是在结婚之前了解自己的基本欲望，当然这说起来容易做起来难，因为爱情和陷入爱河都跟基本欲望没关系。

赖斯动机图谱对于帮助团队是非常有价值的：

● 了解个人的动力，以及如何满足他们的需求；
● 赖斯动机图谱关于差异的知识，更容易解决冲突；
● 理解为什么人们的行为并不敏捷（例如，如果他们高度独立）或者不相信敏捷的价值观；
● 拥有一个强大的基于价值观的招聘工具；
● 确保他们拥有实现团队目标所需的价值观结构。

人类没有一本关于自己的说明书,但是赖斯动机图谱是我发现最接近的一本。很多人认为成功就是达成目标,但真正的成功是感到快乐和平静。拥有这些快乐和平静的最佳方法是尊重自己和他人,因为我们每个人都是独特的个体。

第十章
敏捷领导力

"你管理的是事务,你领导的是人员。"

——格蕾丝·霍珀(Grace Hopper),海军上将

敏捷领导力与传统领导力几乎在所有能想到的方面都有所不同，最显著的区别是敏捷领导力没有遵循层级的、自上而下的方法。敏捷领导力的目标是尽可能多地将权力授予员工，这意味着允许员工为自己的参与程度和绩效负责。在这方面，敏捷领导力采用自下而上的方法。

> 敏捷始于领导力。在过去的几年里，我们对领导力下了很多功夫。我们是一家IT咨询公司，最明显的就是咨询顾问是我们业务的主角。我们公司的所有人都需要理解咨询顾问所做的事情。每个领导者都需要推销我们的咨询服务，或者让自己成为一名咨询顾问，或者两者兼而有之——CEO和整个组织都是如此，包括我作为一名人力资源总监在内。
>
> ——塞西莉亚（Cecilia）

敏捷领导力的意图不是控制，而是激励人们为企业的发展做出贡献。为了促进人们的积极性，领导力可以是非正式的，每个人都可以充分地沟通。没有秘密政策或者会议，敏捷支持完全的透明，每个人都参与到决策中，而不是只有少数的管理层。

敏捷思想类似于系统思维，它着眼于全局。我们无法预测什么时候会发生什么，这完全取决于关系、人员、系统、结构、流程和组织本身。

自组织团队的领导力成熟度

乔纳森·里姆斯（Jonathan Reams）是挪威科学技术大学的教师和研究者❶。他是领导力成熟度方面的专家，曾与美国、加拿大、欧洲的不同组织和个人合作。在我最近组织的一次敏捷会议上，他就领导力评估方法发表了独特的见解。

在一次互动练习中，里姆斯分发了十张卡片。卡片没有任何特定的顺序，每一张都包含了关于领导力的随机描述。根据这些描述，他要求每个参与者对卡片进行排列，从最不成熟的领导者到最成熟的领导者依次排列。下面我会直接展示一下里姆斯卡片排列好的顺序。

领导力成熟度 #1

问：怎样才能成为一个好的领导者？

答：模仿好领导。

问：好的模仿者怎样做领导？

答：轮到模仿者来做领导了。

问：为什么这样是好的领导？

答：我喜欢当领导。

问：作为领导者，你喜欢什么？

答：我得先走了。

领导力成熟度 #2

问：怎样才能成为一个好的领导者？

---

❶ 乔纳森·里姆斯，《关于我》，2017年9月10日，http://jonathanreams.com/about-me/。

答：我认识一个不错的野外俱乐部的领导。

问：是什么让他成为一个好的领导者？

答：他人很好，他带我们去野营，我们一起做有趣的事情。我有了两个新徽章，学会了几种很酷的打绳结的方法。

领导力成熟度 #3

问：怎样才能成为一个好的领导者？

答：你是说像我的教练？

问：是的，你的教练是好的领导吗？

答：是的，差不多是吧。

问：是什么让她成为一个好的领导者？

答：她是一个很好的运动员，而且她对我们进行适当的管理。

领导力成熟度 #4

一个好的领导者总是说真话，有很强的价值观。她总是言行一致，因此人们才会信任她。人们喜欢他们可以信任的领导者。

领导力成熟度 #5

一个好的领导者很了解他的下属。他是一位专家，他知道如何让其他人尽其所能，并为那些最高效的人提供丰厚的奖金。

领导力成熟度 #6

一个好的领导者知道如何与人合作，而不仅仅是告诉人们该做什么。他必须了解是什么让不同的人做出不同的选择，这样他才能帮助别人做到最好，而好的领导在这当中既有给予也有收获。

领导力成熟度 #7

一个好的领导者知道如何平衡公司的需求和员工的需求。一个好的领导者可以通过倾听不同的声音来权衡选择，从而找到最佳的解决方案。

领导力成熟度 #8

一个好的领导者理解自己所在的组织系统。他知道组织里的所有人都是这个系统的一部分。保持系统健康的最佳方法是让大家达成共识，这也意味着大量的内部对话和信息公开。

领导力成熟度 #9

一个好的领导者可以超越当前或某个特定的问题，从一个广泛的甚至是全局性的视角来看待事件。他可以站在组织的系统之外，从多个角度来看待一个问题。

领导力成熟度 #10

一个好的领导者不仅是一个知识渊博的人，而且能向公司提供优质的、公仆式的服务，他把公司看作是一个复杂的人际网络，人们的行动都指向同一个互利的目标。

领导力成熟度 #10 可能代表了最高成熟度的级别。他的观点与博尼塔·罗伊关于 OPO 的思想是一致的（见本书末尾对她的采访）。OPO 是由共同的目标和价值观联系在一起的。当允许人们进行自我组织和自我管理时，其余的一切问题都可自行解决。

> 我认为很多企业和企业的文化，包括很多个人都有一种很强的欲望：留住权力，他们必须把一切都留给自己，而不是与他人分享信息或权力。
>
> ——莱拉（Leila）

团队会讨论他们如何达成目标。他们为不同的项目选择自己的领导者，或者选择没有领导者。他们也可能选择遵守一些规则，或者没有规则。自组织团队的美妙之处在于，他们自己决定他们如何达成目标，而这个目标会支持公司愿景的实现。

一个人了解自己的长处和短处之后，可以培养自己对其他人的共情，帮助自己按着自身需要靠近或远离其他人。我认为真正的员工参与感来自了解我们自己，以及我们如何利用自身优势为组织做出贡献。

> 员工的参与感取决于从微观管理转向参与式和授权的领导力。要成为有魅力的领导者，领导者必须不断学习，不断提高并适应自我。仅仅帮助自己的下属变得更好是不够的，他们必须首先努力使自己变得更好。
>
> ——法比奥拉（Fabiola）

有一种没有被充分利用的、能够创造高绩效团队的方法，就是为员工提供心理安全的环境。前面我们已经讨论过这个问题，但它值得我们重复讨论。很少有领导者意识到员工的心理安全和身体安全一样重要，因此它经常被忽视。如果工作环境不适合员工分享想法、提出建议或讨论新奇的想法，创新就会受到影响。没有人愿意做出错误的举动或冒着被嘲笑的风险，表达自己在工作上的思考。如果文化氛围不支持员工思想的开放表达，人们做事的时候只考虑那些符合主要的激励因素的条件，团队就会缺乏创新。

我的兄弟奥洛夫（Olof），他是香港岛屿几个大型桥梁建筑项目的项目总监。我发现他对员工身体安全的关注超过了心理安全，这种倾向给我留下了深刻印象。

有一天，奥洛夫带我和他一起工作，让我看看他在做什么。带我上桥之前，他给了我一顶头盔，一副防护眼镜，一件霓虹灯色的救生衣，钢制鞋头的鞋和手套。这都是为了我的人身安全而准备的，而所有的工人也都是这样穿戴的。这在特殊行业是必须的，但我仍希望这些公司在担心员工人身安全的时候，也应该考虑到心理安全的注意和保护。

查尔斯·都希格（Charles Duhigg）是《更聪明更快更好》（*Smarter, Faster, Better*）一书的作者，他曾经为《纽约时报》写了一篇题为《在打造"完美团队"的过程中，谷歌学到了什么？》（*What Google Learned from Its Quest to Build the Perfect Team*）的文章❶。在文章中，他论证了高绩效团队的最重要的先决条件是心理安全，他提到有效地给团队提供心理安全，能让他们比其他团队表现得更好。

传统企业把员工的个人生活和工作区分开来，但现在企业意识到这种区分是不现实的，甚至是有害的。我们醒着的大部分时间都花在了工作上，工作和生活在不断地发展和变化，处理这种变化的最好和最有益的方法是增强我们的韧性和适应能力。通过互相帮助，跟随我们自己的内心，发挥每个人的独特之处，我们会取得更好的成就，并得到来自彼此的赞赏。在工作和生活中，你付出什么就会得到什么。

> 我们总能找到英雄，变成他们的粉丝。我们总能找到值得尊敬的人，我们愿意追随他们，并且认为他们是了不起的、可信任的人。这就是我们的天性。
>
> ——瑞娜（Riina）

---

❶ 查尔斯·都希格，《在打造"完美团队"的过程中，谷歌学到了什么？》，《纽约时报》，2016年2月25日，https://www.nytimes.com/2016/02/28/magazine/what-google-learned-from-its-quest-to-build-the-perfect-team.html?_r=0。

第十一章
敏捷管理

"管理是以人为本。它的任务是让人们能够获得高绩效……管理是关键的、决定性的因素。"

——彼得·德鲁克（Peter Drucker）

在商业界，有一个趋势是模糊管理和领导力之间的界限。这两个名词在层级组织中是可以互换的，但仍然有明显的区别。在传统商业模式中，"领导力"指的是高层或者真正的决策者，管理层往往代表那些确保让其他人各司其职、保持企业运转的人。

> 很多管理者有多年经验，因此有些人真的不喜欢改变。我们很坦白地说："敏捷管理可能不适合每个人。如果它不适合你，也许你应该去别的地方。"我们的说法当然没有上面表达得这么严厉，但是的确就是这个意思。
>
> ——塞西莉亚（Cecilia）

尽管没有那么刻板地进行区分，但在敏捷环境中，领导力和管理之间存在着明显差异。领导力和管理都遵循敏捷原则下的灵活与适应性，同时鼓励他人跟随他们的领导。领导和管理职位都是赢得的，而不是指定的。敏捷领导力是关于人的：是组织授权给他们，让他们自己做决定，有效地进行选择，做正确的事情，并设定方向。

我们在前一章深入探讨了敏捷领导力的实践，现在，我想把重点转移到敏捷管理上。敏捷管理专注于任务、速度、效率、最佳实践，以及帮助团队有效地引导他们的精力和进行各类活动。

> 我们正面临着范式的转换，在这种更具变革性的领导力当中，管理者和员工之间是相互依赖和平等的。
>
> 然而，行政任务还是压在领导者肩上，因为我们减少了秘书和行政人员的数量，他们的工作放到了管理者需要处理的线上系统。结果就是管理者负担过重，没有多少时间去领导。
>
> ——比约恩（Björn）

管理者认为对大家重要的事情和实际重要的事情之间往往存在很大的差距。旧的管理风格侧重基于绩效指标的奖金驱动系统。通常，团队是在竞争环境下工作，需要分出胜负。敏捷管理关注能让员工产生共鸣的工作要素，比如共同的愿景和目标、认可、信任及自主权等。这些都是在工作环境中能够触及人们内心的因素。然而，并不是每个人的价值观都能与敏捷思想产生共鸣（更多信息，请参见第九章）。

> 问题在于，我们需要管理者吗？如果是一个敏捷组织或者向敏捷发展的组织，还需要领导吗？如果需要，为什么？另外，我认为制定这些领导力的特征或管理规则的榜样是没有意义的。你设定一个公司的领导角色，然后问高管团队："什么是一个好领导？"这是我听说过的寻找优秀领导者的最愚蠢的过程。
>
> 第二个愚蠢的事是询问人们，他们想要什么样的领导者。你发现他们的要求多得很。我曾经问过十二个人，他们列出的清单足足有四页 A4 纸。这些就是我们需要的好领导，但是没有人能做到。在这种情况下，更好的办法是评估组织中真正存在的优秀领导者。
>
> ——瑞娜（Riina）

根据管理 3.0 的创造者尤尔根·阿佩罗的观点，管理这个词起源于意大利语单词"maneggiare"，意思是处理和训练。这个词本来是跟马匹的训练有关，意思很贴切，因为传统管理的角色一直是照顾一个有生命的系统。伟大的奥地利管理学顾问、教育家和作者彼得·德鲁克曾说："管理对于组织的生存至关重要，但学习如何管理并不仅仅是管理者的事情。"团队中的每个人都要有管理思维，能够关心企业，并且做出对企业来说最好的决定。

德鲁克的观察适用于软件开发中的测试方面。在软件开发领域，每个人都需要具有软件测试的心态。管理也是这样，团队里的每个人都需要像管理者一样思考和表现。管理不是少数人的职责，而是大家的责任。

一、管理 3.0

管理 3.0 是一场关于创新、领导力和管理的运动。它重新定义了领导力，将管理视为一种集体责任。它是人们通过共同努力，找到的实现企业的目标和保持员工幸福感的最有效方式❶。

阿佩罗说过，"管理如此重要，以至于不能把它只留给管理者！"这句话强调了为什么管理的责任需要团队中的每个人来分担。这并不是某些理论所说的较少管理，敏捷和管理 3.0 支持更多的管理，以便企业中的每个人都能承担更多的责任。

阿佩罗的理论建议组织中的每一个人都参与管理，把他们的精力重新转移到一些核心能力上。为了说明这些能力，他使用了一种叫作"管理巨人马蒂"的树状图（如图 11-1）。它的设计是由 20 世纪 70 年代英国男演员兼喜剧演员马蒂·费德曼（Marty Feldman）的形象而来的，马蒂因为凸出的大眼睛而闻名。

马蒂树上的第一个分支是激励员工，因为员工是组织中最重要的部分。管理者需要把他们的行动专注于保持员工的积极性、创造参与和激励上。很多企业都说他们是这样做的，但是实际上他们不是。这句话听上去很好，"人才是我们最有价值的资产"，或者"人才是我们的一切"。他们可能有意去接受这种思维，但是他们的行为与这些话语并不相符。行动比话语来得响亮，所以激发员工是一种

---

❶《什么是管理 3.0？》，管理 3.0，2017 年 9 月 10 日 https://management30.com/about/。

行为，它应该被模式化，直到充满整个组织，使得每个人都能自然地为他人带来激励。

图 11-1 马蒂树

为了鼓励激励他人的行动，阿佩罗推荐一种叫作"移动内驱力卡片"（Moving Motivators）的练习。相对于《驱动力》作者丹尼尔·平克（Daniel Pink）、理查德·瑞恩（Richard Ryan）和爱德华·德西（Edward Deci）（见自决理论网站 selfdeterminationtheory.org）以及赖斯动机图谱的创造者史蒂文·赖斯博士，这项练习是对教学的一种简化。练习中有一个卡片游戏，参加者拿到十张卡片，每张写着一条价值观，然后参加者按照对自己最重要到最不重要的卡片顺序进行排序。

管理 3.0 的第二个核心能力是授权团队。正如我之前提到的，敏捷支持自我指导和自组织的团队。为了达到这个目标，人们一定要感受到自由，这意味着员工在一个受信任的环境中，且组织应授权他们按照自己的特长和兴趣行动。

一家公司只有当过度结构化和彻底混乱恰当地融合在一起后，才能繁荣发展。因为要专注于富有成效和创造性的工作，一些结构是必要的，但过多的结构会扼杀创造力。平衡对于每个公司都是至关重要且并不相同的，它取决于公司业务的性质、文化和在其中工作的人——这些变量将是影响组织"最有效地发挥作用的地方"。

> 你对目标设定了界限和清晰的愿景，并且清楚哪些资源是已经存在的，然后给人们空间去进行学习。
>
> ——瑞娜（Riina）

马蒂树的下一个分支是对齐约束。这里涉及设立规则和目标以改善绩效的重要性。员工需要理解为什么他们要完成自己的工作，也需要清楚游戏规则是什么。很多企业有目标，同时每个人也应该有目标。对齐目标意味着认识到目标所带来的限制，并设计一个有凝聚力的方式进行解决。这是一种明确的沟通方式，它表达的是："这是我们的目标，我们目前的进度，以及我们的限制因素。在我们已有的基础上，适用现有的规则，我们怎样才能达到我们的目标？"

对于保护员工以及保护公共资源，对齐约束的做法是必要的。它给每个人清晰的目标和参数。在这些界限内，他们个人以及作为一个团队选择怎样应对和表现，取决于每个团队根据自己的情况而做的决定。

重视培养能力对管理者来说很重要。团队如果没有足够的能力完成必要的任务，无法找到解决问题的实际方法，他们就不能达成目标。因此，管理者需要确保每个人都能学到成功所需要的东西，要给团队提供一些课程或者讲座，或者共享一些教育资源。讨论关于每个人所必备能力的培养，是一位管理者值得投入时间的地方。

企业结构成长是管理树的另一个分支。许多团队是在很复杂的企业环境中运作，因此，公司结构需要鼓励交流，尤其是在快速增长的公司中。

最后，马蒂树的最后一个任务是持续地全面改进。这听起来可能是一项艰巨的任务，但管理者应该始终寻找各种途径让自己做得更好。持续的改进需要持续地学习，需要不断地寻找机会，犯一些小的、经过计算的错误。

> 领导力必须改变，但如果围绕着领导力的预期、制度和结构都没有发生改变，领导力就不会有改变。
>
> ——瑞娜（Riina）

二、授权的七个等级

敏捷组织的目标是将管理职责尽可能地分散给团队成员。为了有效地做到这一点，人们需要承担通常与管理职位相关的责任，在决策中获得决定权和信息的共享。根据管理 3.0，管理授权有 7 个不同的等级：

（1）告知（Tell）：你替他人做出决定时，或许会解释你的动机，但并不期待或不预设会进行相关的讨论。

（2）推销（Sell）：你替他人做出决定时，你会尝试说服他们接受你并认同你的决定是正确的，并让他们感觉也有参与其中。

（3）咨询（Consult）：你尊重人们的想法，会在做决定之前询问并考虑他人的意见。

（4）商定（Agree）：你跟所有人一起探讨，并且以一个群体为单位针对决策达成共识。

（5）建议（Advise）：管理者尝试影响团队做决定，但那将是他们的决定，而不是你的。

（6）征询（Inquire）：你让他人先做决定，事后管理者再给予建议和反馈。

（7）委托（Delegate）：管理者不影响团队做出的决定。决定完全由团队自己做出。

这是授权的七个等级，它对理解企业实施有效授权的方法很有帮助。

为了帮助确定每个关键决策的适应级别，这里推荐使用管理 3.0 中的授权扑克。下一章我将对它进行简要描述，但读者也可以在 management30.com 网站上阅读更多的内容。

> 我们不再插手告诉别人该怎么做。我们必须停止命令人们应该做什么，而是努力赋予他们权力。
>
> ——法比奥拉（Fabiola）

三、寻找平衡

谷歌有一个著名的传闻，他们提倡 80/20 的工作方式，主张将 20% 的时间用来放松和探索，一名员工在 20% 的休息时间里发明了 Gmail（谷歌邮箱）。从那以后，这个叫 20% 的休息或探索的时间也被其他组织所陆续采用。而现在，他们已经抛弃了 80/20 法，采用了更新颖、更好的工作方法。这些都是本着不断实验和改进的精神所获得的。

Gmail 的故事证明，当人们放松进入到他们创造性的大脑空间时，美好的事情就会发生。比起让员工填写表格、坚持检查清单并不断报告他们的进展，这是一种更有效的方法。当存在信任时，就没有必要经常报告。报告存在的唯一原因是管理层要保持控制。在敏捷管理中，控制是分布式的。当人们有机会为自己承担责任时，他们就会被赋予权力，而不需要每五分钟被监督一次。

对于在太多命令和太少命令之间找到平衡点，敏捷是有用且有效的。我最近与一家陷入混乱的公司合作。Casumo 是一个在线交易网站，由两个瑞典人在马耳他创建。该公司成立于 2012 年，司龄相对年轻。Casumo 第一次联系我的时候，人力资源部门告诉我，公司没有任何流程或结构，他们以一种临时的方式处理项目，没有问责制。由于完全没有控制，以致于企业内部无法形成一个有生产力的环境。

Casumo 需要找到一种方法，从回顾的角度评估他们正在做的工作。以往与我合作的大多数公司都处于过于有序的状态，需要我帮助停止某些行为。而 Casumo 则太过松散，需要我给他们的工作流程添加结构。于是我通过使用敏捷原则和工具，帮助他们找到了组织适当的平衡点，使公司进入更高效、可操作的流程。

> 在期望被调整之前，领导力是无法进行调整和适应的。这些期望来自领导力的所有者。
>
> ——瑞娜（Riina）

尤尔根·阿佩罗认为："管理者要让系统采用自组织（无中央控制）的方式做有用的工作，同时引导系统取得有价值的成果。"❶ 我们怎样能建立一个自组织系统呢？《失控：机器、社会与经济的新生物学》（*Out of Control: The New Biology of Machines, social systems, and the Economic World*）的作者凯文·凯利（Kevin Kelly）进一步阐述了这一观点。他说，复杂的系统不仅仅是各部分之和，在系统中的每件事情都是通过所有渠道在同时发生的，不能由一个单一的中央集权来管理。因此，组织的治理也必须在所有分散的部分进行。

> 如果你认为使用微观管理员工，他们就会进步，表现出色，每件事都做好，那你很难放弃旧的模式。新模式是信任，但是信任是很艰难的。我们说："好的，我们相信大家正在做正确的事情。然而，我们有 HR 系统、汇报系统、法律系统和财务系统，迫使管理者对每个细节都进行管理。"我们要求管理者必须以某种方式汇报信息，但是人们还是可以在计划上做文章，所以我们并没有真正帮助管理者成为组织内部具有吸引力的领导者。
>
> ——法比奥拉（Fabiola）

有时我们将敏捷介绍给管理者时，他们会担心如果放弃权力，他们将对很多事情都变得无能为力。有这种担心的管理者没有认识到"敏捷"不是一场零和博弈（Zero-sum Game，一方得益另一方受损）的游戏。商业组织不应该像诉讼或者选举那样追寻结果，坚持一种"我赢，你输"的心态，这种心态不会给团队或者公司带来好处。

一旦管理者将权力授予他人或者给员工分配了责任，管理者自己也将变得更加强大。当权力进行了合理分配时，我们每一个人都是赢家。我们需要适应有利

---

❶ 尤尔根·阿佩罗，《赋能团队》，管理 3.0，2011 年 1 月 11 日，https://www.slideshare.net/jurgenappelo/agile-management-authority-delegation。

于社会关系、自由市场和我们团队的管理方式，因为我们也是管理中的一分子。当员工都朝着同一个目标努力时，员工之间不存在互相竞争。工作也不再是关于个人的工作，而是关于团队的。

> 我认为有时高层很难改变，是因为他们多年来都按同一个方法做事，他们做得很成功。这些高层都是很聪明的人，他们在成功的企业里发挥着自己的才能，而且一直都表现得很不错。现在，突然让他们去做一些新的事情，他们很难做出改变，因为他们已经适应了旧的方法。我们都知道有变化才有改进，但是变化的确是非常困难的。
>
> ——塞西莉亚（Cecilia）

当我向一个组织介绍不同的敏捷工具和原则时，在了解它的人眼中，这些工具和原则是有价值的。高层管理者喜欢这些介绍，因为利用敏捷很容易看到效果，这些工具能够以强有力的方式改变企业。我个人通过分享知识，也得到了组织的认可。在非零和博弈的环境中，强大的团队会让管理者变得更加强大。

强大的团队最根本的一个支撑点就是信任。没有信任，团队就没有信心，在每个转折点人们都会不断怀疑自己。管理者需要建立信任才能塑造强大的团队。同时，管理者是创造强大、自组织、高绩效团队的关键。

> 我可以给你举一个电信公司的例子。这家公司希望以敏捷的方式运营。他们有60名员工，我们希望把他们分解成几个规模适合的团队，然后把大家召集到一个房间，让管理层解释情况，以及我们为什么要这么做。然后，我们拆解每个团队要达到的具体目标，告诉他们团队内所需要的技能，然后确定每个团队的最高人数。希望他们知道为什么我们要创建一个这样的团队，以及这些团队是要做什么。
>
> 之后我们告诉他们："现在实行自组织，你们自己在组织和管理自己。30分钟后我们再回来了解进度，现在请你们自行组队。"30分钟后，猜猜发生了什么？什么都没有发生。他们不知道怎么做，所以我们又解释了一次，然后再离开。这次当我们返回时，他们已经完成了分组。更有趣的是，这家公司是由一支国际化的团队组成的，人们虽然都在同一个地方工作，但彼此的工作方式和文化背景都不同，但他们形成了自己独特的沟通方式和团队文化，这是非常有趣的。

> 管理层往往担心人们聚在一起，不知道会发生什么，但事实真的令人惊喜。人们真的开始进行对话，他们说："我很希望你跟我在同一个团队，但是我们背景太过相似，我们最好分散在不同的团队，但要保持联系。"他们进行诚恳的对话，并且调动周围的人。结果真的是太棒了。
>
> 我们不会事先告诉人们他们进行的练习是什么，这是一个组建团队的练习。我问管理者："如果需要你组建团队，你会怎么做？"令人惊讶的结果是在自己组成的团队中，有80%的人跟管理者的想法是一样的，管理层也很吃惊："这真是太意外了。"这是一件好事，因为人们是自己做出决定改变团队，而不是直接由管理层来指挥。
>
> ——法比奥拉（Fabiola）

第十二章
敏捷工具

"敏捷性是一种创造改变并对其做出响应的能力,这对于在动荡的商业环境中赢得成功至关重要。"

——吉姆·海史密斯(Jim Highsmith)

敏捷是适应变化——具体来说是为了适应客户不断变化的需要。公司必须了解什么能为客户创造最大的价值，并且尽一切可能提供它。

> 我希望开始先讲一个组织和透明化沟通渠道的事，比如使用 Slack（聊天群组）或者 Yammer（企业社会化网络服务平台）来支持人们工作场景中的社交网络。这种工具可以让组织中的每个人进行交谈、学习和分享信息。
>
> ——瑞娜（Riina）

敏捷不是依靠固定的规则，而是依靠它自己的 12 条原则作为指导❶。一家公司可以依据自身的情况，选择敏捷中的某项原则的执行程度。敏捷中还有一系列工具和框架可用于确定公司的优先级、工作流程和创建更多的客户价值。本章将介绍一些最流行的敏捷工具。

提示：如果你已经了解敏捷工具，可以跳过这一章继续阅读。

---

❶ 参阅第三章：现代敏捷宣言的原则。

> 我们需要工具，也需要团队结构，但最重要的是简化现在我们已拥有和正在使用的工具，HR 管理者使用的工具应该让员工和领导者工作起来更简单。我们经常使用工具是因为我们想要达到控制的目的，例如绩效评估。
>
> ——塞西莉亚（Cecilia）

一、SCRUM

尽管随着更新、更现代的方法越来越受到关注，Scrum（一种敏捷框架，它通过提供针对复杂问题的自适应解决方案来帮助人们、团队和组织创造价值）的重要性正在下降，但是 Scrum 仍然是最古老、最有名的敏捷工具之一。我喜欢 Scrum 的简单、直接和清晰的方式，并且仍然觉得它非常有用。它强调用迭代和增量的方法来优化对未来的预测性并控制风险。其理念是降低复杂性，专注于构建直接满足客户需求的产品和服务，为客户提供价值是最重要的目标。Scrum 通过站立会议、冲刺和回顾会议等事件来实现透明、检视和适应。

> 人力资源的角色起到催化剂的作用，而不是中央、决策、控制的功能，因为许多传统的人力资源职责实际上是由团队、教练和敏捷流程承担了。你不需要每年一次的反馈讨论，因为你在冲刺周期中已经有持续的反馈。你也不需要实施年度目标，因为在冲刺周期中已经有正在进行的目标设置和迭代。
>
> ——瑞娜（Riina）

像敏捷的其他实践一样，Scrum 起源于软件开发实践，但是它现在有了更广泛的应用。其重点在于通过短期冲刺来工作，最小化风险和支出。短的工作周期可确保工作方法的持续改进，快速的学习和及时听取并解决客户反馈。

> 建议：要评估招聘过程中的体验，你可以听取人们的反馈并接受人们的意见，这样你就可以建立和改进招聘过程。例如，我在新员工入职时就用过。你可以把入职期看作是一个冲刺阶段，如果入职时间是4个月，在4个月之后，你就能评估入职过程的体验。当然，你也可以在招聘的时候就这样做。
>
> ——莱拉（Leila）

在Scrum中，整个开发周期包括若干个小的迭代周期，每个小的迭代周期称为一个冲刺。Scrum是由一个一个冲刺（Sprint）组成的，在每个冲刺中，Scrum开发团队从产品待办列表中挑选最有价值的需求进行开发。在每一个冲刺结束时，Scrum团队在最短时间内实现产品最有价值的部分，并将成果进行展示，最后进行问题和经验的总结。理想情况下，团队应该自我管理，这意味着他们必须决定如何更好地处理每次冲刺，他们的工作量如何，由谁负责什么。Scrum的价值在于专注、勇气、开放、承诺和尊重。Scrum工作流程如图12-1。

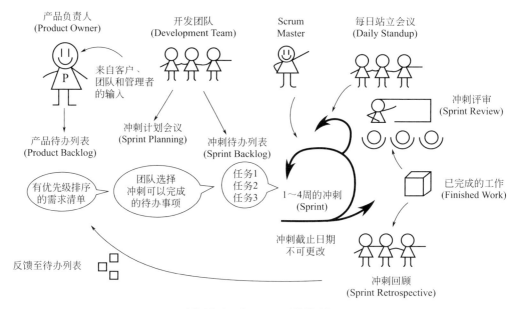

图12-1　Scrum工作流程

开发团队（Development Team）负责构建产品。他们所做的是真正的开发工作，并且负责在问题出现时解决。他们准确地决定了他们所在团队的产出。一般来说，开发团队是自组织的，理想状况下应有 5～9 人。

所有的团队成员为他们的成果承担责任。团队决定工作如何进行，任务如何分配。固定的项目角色不会出现在 Scrum 开发团队中。团队的工作可以流畅地完成，他们愿意努力去找到工作中任何问题的解决方案，且每个人都能交换任务，从对方身上学到新技能。在敏捷实践者中间，流动的员工被称为"T 型人才"。就像之前描述的那样（重复是技能之母），他们可以担任多个角色，有很多不同领域的能力。T 型人才有很多优势，具有很大的灵活性：

- 对于个人来说，T 型人才的灵活性增加了拓宽、加深知识的可能，且这些能力的培养取决于他们的兴趣。
- 对于团队：增加了灵活性，人们可以自由选择任务。当成员尝试不同任务、互相学习时，能力可以得到培养。
- 对于组织：因为员工可以转换角色，使得组织更具适应性，遇到瓶颈的风险最小化，可以消除不必要的中断。

产品负责人（Product Owner）负责引领 Scrum 团队，这个人拥有并负责产品待办事项列表。这是一个特性、目标或待办事项的列表，并根据来自不同利益相关者的反馈而不断调整。产品负责人也负责整个产品的整体愿景，这样他们就能保证开发团队在做正确的事。一般来说，产品负责人是一个有很多联系人、关系和信息的人，他对产业有深入了解，并拥有广泛的人脉。

通常，Scrum Master 在组织范围内建议 Scrum 的实施并为其制定规则。这个人往往是教练、问题处理者和团队保护者的结合体。他们的任务是保证团队在冲刺时不受干扰。Scrum Master 保证团队具备满足成功的先决条件，产品的开发通过冲刺评审和回顾向着目标进发。虽然产品负责人和 Scrum Master 有他们独特的角色定义，但是他们也可以跟团队其他人一起完成任务。

敏捷的 Scrum 团队会召开冲刺计划（Sprint Planning）会议，在会议上，他们从产品待办事项列表中选择他们能够完成的任务，然后开始冲刺。一次冲刺可能持续一周，也可能长达四周（这是尤尔根·阿佩罗所说的"老式 Scrum"的冲刺长度）。时间取决于团队需要完成的任务和它的功能（HR、IT 或者跨越职能团队的任务）。在近几年，冲刺有逐渐变短的趋势，为新的工作方式提供了空间，以持续交付为标准。

在 1 到 4 周的冲刺中，团队需要定期召开每日站会。这些会议既快速又有效率，不会超过 15 分钟。它让每个成员有机会快速掌握他们接下来工作的信息，分享成果和挑战，并寻求帮助。每日站会要求员工工作 100% 的透明度以及工作中的弱点暴露，这需要很大的勇气。

> 我经常使用敏捷方法中非常有用的一组核心工具，那就是站立会议，它能保证透明的沟通，不会浪费时间，还能让人紧跟进度。汇报的时间不应该比你站起来发表声明的时间更长，这才是关键，当你开了一个小时的会，那就不是站立会议了。
>
> ——莱拉（Leila）

当冲刺结束，团队将在冲刺演示会议（冲刺评审会议）上向客户演示，客户提出意见，然后团队将反馈意见加入产品待办事项列表并完成它。而后，团队再次进行冲刺评审或者冲刺演示。在第一次冲刺的时候，团队的目标是创造一个 MVP。MVP 是团队可以交给内部或外部客户的最小化可行产品，它能创造某种价值。它被用来衡量客户需要什么样的价值，如果客户喜欢最小化可行产品 MVP，团队就会在它的基础上继续构建下去。

> 另一个工具或者说工作方法就是回顾会议。它是一种很好的提高质量和效能的方法，可帮助加深对产品的思考。
>
> ——莱拉（Leila）

在每轮冲刺结束后，团队会进行冲刺回顾会议，检查哪些有效、哪些无效。他们会回顾需要改进、改变或下次冲刺要引入新做法的地方。他们还会讨论需要继续、停止或者开始做哪些事情。这些问题是持续学习和进步的基础。

> 对我们来说，有四种价值流——文化、人才、参与度和绩效流，我们围绕这些价值流组织 HR 的工作。我们与其他敏捷团队的工作方式是一样的，当然，他们也采用敏捷实践。有些人用 Scrum，有些人用看板（Kanban）。我们会探索哪种方法对于团队最有效，然后围绕价值流组织人员，把他们组织到跨学科的团队中。这无疑是一个改变，但是能够帮助大家理解怎样把敏捷价值观带入 HR 的实践中。
>
> ——法比奥拉（Fabiola）

Scrum 的另一个技能就是编写用户故事或者史诗故事（史诗故事包含若干个用户故事）。一般情况下，使用用户故事来表示产品待办列表的条目。它能帮助识别产品相关的人物角色、希望的功能和背后的原因。

> 用户故事是一个很不错的工具，能帮助你从用户的角度来描述用户渴望得到的功能，而不需要去猜测应该做什么。你有了用户故事，就可以推出第一个发布（第一期的产品），然后改进它。之后再收集用户故事，再推出第二个发布（第二期的产品）。
>
> ——莱拉（Leila）

无论对于高级的还是最基本的用户故事来说，产品待办事项列表都是一种极好的资源。从用户角度深层次地挖掘一个故事——在开发的产品或服务中，究竟希望用它们来做些什么。它可以是很直白的："作为一名经理，我希望能够及时地向员工反馈，以增加员工的参与感。"创建用户故事的模板如下所示：

作为 X 角色，我想要 Y，所以是 Z。

在上述的模板中，你可以按照谁（Who）、什么（What）和为什么（Why），替换 X、Y 和 Z，就像上面的例子一样。

> 如果你以敏捷的方式工作，这个概念就已经在你的脑海中根深蒂固了。如果你使用 Scrum，你的计划允许你参与到用户故事中，这是非常鼓舞人心的。人们希望达到目标，所以付出努力。他们使用用户故事来评价工作进度，或让它来指引工作方向。
>
> ——法比奥拉（Fabiola）

Scrum 不是一个临时工具，它是一个轻量的框架，在框架中可以使用不同的过程、技术和方法。Scrum 理论、方法和包含的工具都是用来加强、改进敏捷原则和价值的，且它们推崇开放、承诺、尊重的工作方式。

最近，软件开发团队很少使用 Scrum，它正在被 DevOps（开发运维一体化）和持续交付所取代。它们与 Scrum 具有相同的价值观，但是没有冲刺环节。在其他领域 Scrum 仍使用广泛，且当需要定义更小颗粒度的工作项时，这些工作项会以迭代的方式交付，并由内部或外部客户以特定的间隔进行评审。

二、计划扑克

计划扑克是一种基于共识的估算方法和讨论工具。计划扑克不是用时间去衡量一个项目或产品的开发，而是用卡片的点数来衡量它。也就是在项目待办事项中，这个用户故事与其他用户故事相比，点数是多少。

团队中的成员可以使用面朝下的计划扑克进行估算，而不是大声说出来。当扑克卡片被翻开时，大家讨论和解释。卡片朝下隐藏数字时，团队可以避免偏见。而且，每一张被翻开的卡片都可以为后面的估算提供参考。

当大家不受别人的意见影响时，他们更容易做出自己的估算，有的人可能打 1 点，另一个人可能打 20 点，这就看出不同的人对于同一个任务看法的不同。它帮助我们排列任务的优先级，团队也可以公开讨论他们为什么对这个任务估算出这个点数。然后他们可以再玩一次，看看结果有没有接近。这是一种团队克服分歧并以达成一致为目标的方法。

三、授权扑克

还有一种扑克可以用于授权。我最近在一个医药公司玩了这个游戏，结果是很有效的。首先，我们写下团队面临决定的列表。然后我们思考团队应该在什么水平上做出决定。授权的 7 个等级跟第十一章的相同。

排在列表首位的是组织面临着办公室搬到另一个大楼的决定。只有高层参与这项决定，团队没有发言权。另外一个项是团队应每天如何工作，这项完全是由团队自己来决定，高层无发言权。两个决定的差别，显示了团队参与的两种极端程度。

授权扑克是管理 3.0 的一个有趣的游戏，你可以在管理 3.0 官网（management 30.com）了解更多或者下载。我是管理 3.0 的引导者，也是共同所有人之一。当客户想要以一种有趣的、参与式的、强大的工具展示怎样在团队中进行授权的时候，我经常跟他们一起使用这个工具。你可以跟团队成员一起玩，或者跟其他管理者一起使用，讨论如何将更多决策权下放给员工。

四、基于集合的设计（Set-Based Design）

另外一个工具叫作基于集合的设计，它来源于丰田公司在设计新车模型时使用的方法。这种基于集合的设计可能更像是一个精益的工具，而不是敏捷，尽管我认为它仍然是敏捷方法和工具家族的一部分。基于集合的设计不是仅仅专注于一个计划，而是同时探索几个不同的设计方向。一个新项目的开始，不可能知道设计将以哪种最好的方式展开。

假设一个公司的新项目开始时有八种不同的设计草案。在一轮冲刺周期后，公司会收集到足够的信息，决定哪些方案不好，可以放弃；哪些较好的方案可以进到下一个环节。

基于集合的设计方法类似于一场竞赛，它是一种边学边做的方法。通过收集信息，组织能够在短时间内确定哪种方法是最好的。不同的团队可以直接开始工作，而不会在前期花费太多的精力或时间从而造成后部延期。"基于集合的设计"通过实际动手工作，可以迅速让人们确定他们是否朝着正确的方向前进。

五、看板

> 敏捷招聘的许多领域都可以成为招聘过程中使用看板（Kanban）或 Scrum 的起点。然后，HR 可以制定一个可扩展的招聘流程，团队就可以自行招聘，让团队拥有开始招聘所需要的所有的服务。
>
> ——瑞娜（Riina）

看板是另外一个借用丰田的概念。在日语里，它的意思就是"广告牌"。它是一个生产制造系统，专注于"完成的艺术"。看板的观点是：你可以按照计划交付产品，缩短交付周期，通过一次专注于一项任务来更快速、更清晰地沟通。看板源于精益思想，即通过可视化识别瓶颈。

看板开始是在墙上挂一块板，或者在电脑屏幕上展示一个任务列表。这个任务列表就是项目的待办事项，任务从左到右一共有三栏，每一栏都代表着不同状态的任务：待办（To-do），进行中（Doing），已完成（Done）。

Trello 是一个网络工具，也是一种电子化的看板。Trello 本身是基于 Post-it（便利贴）的概念，每个便利贴上都有一个任务，或者一个待办事项。这是一种跟踪进度可视化的方法。在每日站会，团队成员会站在看板前，将自己的任务从一栏移到下一栏。例如，当任务被分配下去，队员会将任务从待办栏移动到进行中栏；当任务慢慢接近于完成，它们就会在看板上被移动到完成的状态。

敏捷组织通过可视化的项目管理促进更好地沟通。他们为这里讨论的各种敏捷方法和工具提供了丰富的资源。

> 很多技术解决方案和应用程序等待着同行评审,也就是说你可以使用它们获取反馈或者设定目标。重要的不是工具,而是你想用它做些什么。
>
> ——瑞娜(Riina)

六、敏捷的优势

敏捷组织有很多优势。比如,敏捷组织鼓励自主性,鼓励增加员工的参与度。

通过每日站会,提高了项目周期的可视性。这种较短的反馈周期可以降低风险,增加学习机会。将工作分成不同冲刺阶段,使组织定期为客户交付价值,并更快地让客户得到想要的结果。通过实时演示与客户持续的联系,可以为复杂的项目提供快速的解决方案。因为一个项目越大,参与的人就越多,它就变得越复杂,结果的不确定性就越高。

敏捷是基于复杂性理论,复杂性理论是处理复杂系统的一个科学分支。比如说,人类社会或者一个活的细胞代表着一个复杂系统。系统内的互动形成了自组织和动态适应,从而区分复杂的"事物"(即人或细胞)与静态"事物"(例如桌子或书籍)。一个物种适应环境,它必须作为一个整体达到和谐。复杂系统往往是自发的、无序的、有活力的,而且是接近于混乱的。

可以先问读者一个问题,什么是简单?什么是复杂?什么是繁杂?比如,修自行车是一个相对简单的任务,但是修手表就很繁杂,因为手表有很多很小、互相依存的零件,需要很多知识才能以正确的方式将它们组合在一起。因此,修手表是繁杂,但是不复杂。

再比如说,人际关系中体现出来的关系,可以被称为复杂,因为人是不可预测的,你不知道下一步会发生什么。

人具有一定的不确定性,股市也是如此,没人能预测未来的股市大概率会发生什么。当事情有很大不确定性时,我们就开始转向无组织状态,然后导致混乱。复杂性理论的概念超出了本书的范围，但是有几位有趣的作家写过这个话题的文章——戴夫·斯诺登（Dave Snowden）和其他人[1]。

敏捷适用于复杂的环境，并且可以防止事情陷入混乱中。清楚的界限和一些简单的规则能够为我们所需的安全感提供稳定性。敏捷还为优化创新和创造力的行动提供了自由。

一个很大的误解是认为敏捷企业没有结构，没有老板，没有文档记录——这是无政府状态的景象。事实上，敏捷组织具备创造改变并对其做出响应的能力，他们始终在灵活性和稳定性之间保持平衡。组织的一部分需要稳定，而组织的另一部分需要灵活性，采取的方法取决于环境和当前的任务。

人们往往认为敏捷缺乏长期愿景，因为他们的工作不是提前几个月或者几年计划好的。然而，长期愿景恰恰是来自于工作的动力。这些目标不会经常改变，但是实现目标的方法是不断变化的。重要的是，敏捷不是一种方法——它是根据一组价值观进行思考的一种方式，敏捷是一种思维方式。

> 真实，是参与度最重要的关键。我想我需要举一个真实的例子。如果你能展示自己的热情并且真实地对待它，它就会传播开来，让别人感同身受。通过真实，你会激励他人，他们也会参与进来。
>
> ——法比奥拉（Fabiola）

敏捷原则

- 透明。
- 客户价值。
- 自组织。
- 团队合作。
- 集中办公。
- 面对面交流。
- 持续学习。

---

[1] "博客" Cognitive Edge 咨询公司，2017年9月10日，http://cognitive-edge.com/blog/。

- 持续改进。
- 短反馈周期。
- 跨职能工作。
- 协作。
- 实验（试错）。
- 可视化。

（其他原则参见本书末尾）。

> 关于透明的基本原则和概念，就是我们所有的事情都是透明的，除非它不能对外公布。
>
> ——莱拉（Leila）

第十三章
员工参与感

"当人们上班时,他们不应该把心留在家里而在公司显得心不在焉。"

——贝蒂·本德尔(Betty Bender)

在 HR 圈子里，"员工参与感"数十年来都是热词。虽然它是雇主想要确保实现的，但是要如何定义它呢？参与感是指对自己的工作感到满意，还是对企业长远的发展目标有所贡献？它是意味着个人幸福，还是公司健康发展的底线？

> 我们总是谈论参与感，人是企业中最重要的资源，但是当我们看到企业中的现实时，发现它并不是如此。跟公司价值观类似，参与感很可能与人们每天的工作并不相符。有了敏捷 HR，就能创造出不同的环境，我们能够以不同的方式同人们互动，它让我们能够真正塑造那些具有吸引力的工作场所，我们最终将体会到参与感是否会对我们的公司底线产生积极影响，将更好地理解它如何减少人们的压力、健康问题等，这样我们就能获得更高的投资回报。
>
> ——法比奥拉（Fabiola）

在瑞典，敏捷人力重视人的全面发展。我们在员工参与感方面将员工的满意度跟对企业的贡献画上等号。员工的满意度意味着人们的快乐，他们喜欢上班，喜欢管理者和同事，期待走进办公室。满意度取决于个人的价值观和基本欲望（这一点我们在赖斯图谱中讲过了），也跟企业的工作气氛有关。还有一点很重要，就是人们通过完成工作相关的任务，努力实现企业的整体目标，这两个元素都需要由努力和积极的员工来完成。员工满意度与组织贡献关系见图13-1。

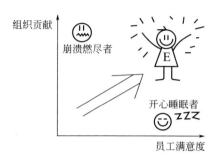

图13-1　员工满意度与组织贡献关系图

人们可以喜欢上班，但是却对整体目标没有什么贡献。也许他们喜欢同事，因为他们总是在饮水间讲笑话，但是工作效率不高。有的人可能对公司贡献很多，但是不太喜欢跟同事沟通或者参与团体活动，也许他们总是能达到目标，但是并没有被渗透到企业的精神和文化中。这两种人都缺乏持久的动力，交际花类型的人往往心不在工作上，而工作狂往往会累到精疲力尽。

> 员工参与感和激励是因人而异的。也有可能存在与所有人相关的事物，我认为它来自最新的科学，比如神经科学的SCARF模型（见第十四章）。但是我认为它在定义动机方面是狭隘的。因为在某些行业即使参与感很高，员工也很有创造力，且是很有能力的，在不具备工作条件的环境下，也一样什么都做不了。由此，现实的条件对员工的参与感和激励也很重要。
>
> ——瑞娜（Riina）

员工参与感的提升对企业的成功至关重要，原因有很多：这往往能使工作和项目推进得更容易，并产生持续、循环和积极的影响。员工喜欢上班，他们就会对客户更加关心，把自己的能力发挥得更好。

快乐的员工带来快乐的客户，快乐的客户带来可观的利润率，从而实现公司更高的经营目标。健康的现金流意味着公司能够提供更多让员工产生幸福感的环境，比如一间宽敞、明亮的餐厅，为员工提供免费健康的食品和沙龙。现金流可以为公司经营保持动力，为员工提高参与感提供先决条件，公司产生的良性的循环就会继续。而公司创造的良性循环越多，员工与公司与客户和利润的联系就越强，如图13-2。

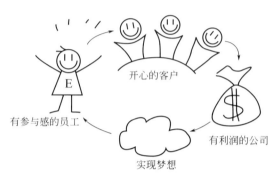

图 13-2　快乐员工与公司良性循环

> 重点在于团队。我们更喜欢分享成功或给予员工激励。当然，如果企业很成功，你也可以分享这份成功，并用此回报员工。
>
> ——法比奥拉（Fabiola）

一、"全球劳动力现状"调查

从2011年到2012年，盖洛普（Gallup）进行了一项名为"全球劳动力现状"的调查，有来自142个国家不同行业的23万人参加，同时打分回答以下12条叙述。

- 我知道我对工作的期望是什么；
- 我拥有做好工作所需的材料和设备；
- 在工作中，我每天都有机会做我最擅长的事情；
- 在过去的一周，我因为工作出色而得到了认可或表扬；
- 我的上司或者同事很关心我；

- 工作中有人鼓励我的发展；
- 在工作中，我的意见很重要；
- 公司的使命或目标让我觉得我的工作很重要；
- 我的同事或下属都在做高质量的工作；
- 我在工作中有一个最好的朋友；
- 在过去的六个月里，有人跟我聊起我在工作中的进步；
- 去年，我在工作中有学习和成长的机会。

这些叙述要求明确目标、成长和发展机会、反馈周期，甚至职场友谊，目的是衡量员工参与的程度。调查结果令人震惊：
- 只有13%的参与者积极参与到工作中；
- 63%的参与者对工作漠不关心；
- 24%的参与者有意消极对待工作。

拥有参与感的员工对公司充满感情。他们带着激情和热情去上班，他们推动创新，推动组织向前发展。

不主动参与的职员漫不经心。他们每天好像在梦游，他们投入时间，但是没有精力和激情。他们主要在等着吃午饭，等着五点钟下班。盖洛普将结果按国家显示分类，其中英国的数据显示有60%不主动参与的员工；荷兰的结果最好，显示有80%的人积极参与工作。

有意消极对待工作的员工是最具杀伤力的。他们不仅不喜欢工作，还会抱怨工作，贬低他人的成就，以此缓解自己的痛苦。他们对自己的团队造成损害，也损害客户关系以及企业的整体目标。在英国，调查报告显示有接近21%的员工消极对待工作，对公司工资、时间、产品和客户损失每年多达83亿英镑。

参与程度不高的问题存在如此广泛，一部分原因是很少有员工明白他们应该如何完成公司的目标，甚至优先次序和流程都不清楚。公司的目标是什么？员工应该优先考虑什么？由于某种原因，这些简单的问题往往难以回答。因此每个公司都必须清楚地定义自己的目标和优先次序。

二、员工的演变

> 千禧一代真正改变了企业的某种行为。比如，他们更知道如何沟通，并且有不同的沟通方式。他们看待地位的方式也不同。他们有不同的方式分享信息，意识到分享比独自拥有要好。他们对自己、自己的学习能力、自己的老板期待都很高。
>
> ——瑞娜（Riina）

过去二十年，我们看到很多工作环境和劳动力的预期都有了很大变化。人才储备的流动性增强了；随着网络发展到前所未有的高度，远程工作在现代企业中越来越常见；年轻的一代员工期待在工作地点和方式上灵活度更高，选择更多。雇主需要跟上这些趋势才能在招聘上有竞争力。

工作环境已经跟我们父辈的时代有了很大区别。现在的劳动力是全球化的、有联系的、流动的、暂时的，并且跨越多个年龄段。他们期待职场是透明的、动态的、专业的、互相联系的以及绩效驱动的。世界正在走向无边界化，意味着人们不再局限在办公室中工作。他们可以在任何地方、任何时间工作，工作方式也由他们选择。这也意味着工作越来越自主，敏捷完全支持这样的团队，有信任就有自主，有自主就有效率。

> 我想说的是，有些员工，尤其是千禧一代，以及千禧之前的一代人——在很多方面都领先于管理层和企业。相对而言，企业里的一些员工已经很落后了。原因取决于他们是什么样的人、他们的年龄，也取决于他们所处的领域。如果你在网络安全领域，你可能会对新的变化不太适应；但是，如果你在用户体验项目中工作，那么你就会领先一步。
>
> ——塞西莉亚（Cecilia）

现在越来越多的公司没有实体办公室。这些新兴企业认为他们的员工不需要办公室，他们更愿意通过数字化合作平台（比如 Zoom 和 Slack）在线工作。快乐梅丽（Happy Melly）就是这样的一个组织，它是由管理 3.0 创始人尤尔根·阿佩罗创建的企业资源网络。另一家企业是社交媒体管理工具步飞尔（Buffer），他们采用现代的工作方法，他们的工作人员遍布在世界各地。

今天的工作者需要清楚他们为什么要做这些事情。小孩子经常会问为什么，不过长大之后，我们开始接受别人告诉我们的事情，不再问为什么。我们需要回到根源，回到我们的本能，询问我们为什么要这么做。到底有什么区别？怎样使我们满意？我们如何改进它？值得庆幸的是，赖斯动机图谱能够帮我们看清自己的内在驱动力，但我们还是需要质疑：我们为什么要在组织中做这些事情？

作为全球劳动力的一员，我们有责任提问"为什么"。领导者和管理者也有义务向他们的员工解释公司的目标是什么，以及人们如何融入公司的整体经营中去。

三、怎样创造员工参与感

当员工参与感更高时，绩效就会更好。他们的绩效更好，公司的业绩也将会提升。所以企业面临的一个最大问题是：怎样为员工创造更强烈的参与感？见图 13-3。

这一切都来源于梦想，而梦想能让一个团队、一家公司、一个社区，甚至将一个国家团结起来。当人们知道自己是为了一个更高的目标奋斗、支持一个共同的梦想时，他们的行为就会有所不同。为了更崇高的理想，他们愿意做出一点牺牲，忍受一些痛苦，具有理想主义的人可以在特定的目标和使命面前满怀激情。

当然，目标在某种程度上是极其重要的，不过最重要的是，目标是一个愿景。如果我们把目标过多地分解，注重太多细节，我们就很难着眼于长期目标或愿景。

——塞西莉亚（Cecilia）

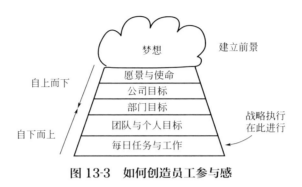

图 13-3　如何创造员工参与感

有了强烈的目标和使命去支持一个梦想，管理者就有了工具去发展组织的目标和策略。策略可以是长期的，然后被分解成不同阶段的团队或者个人目标，以及每天的行动。策略的执行不存在于组织的高层，而是在每个要素都就位、传达清楚并且被理解的时候才会发生。这时，员工每天做的事情就有了新的意义，执行也变成了公司里最重要的事情。每位员工都参与到这一层面，这是公司为了实现共同的梦想而制订的计划，管理层必须了解这一现实，并为员工创造一个清晰的前景。

清晰的发展前景能帮助员工将工作中的点连成线，把自己每天在做的事情跟实现梦想的计划联系起来。公司的发展方向一定要清晰，团队的发展方向一定要明确。这些信息不仅为工作中的每一个人提供了工作目的，而且提供了至关重要的工作背景信息。它清楚地定义了每位员工对企业长远目标的贡献。

公司事务的参与和日常的参与都是视野的问题。比如，每个人如何看待他们工作的重要性？他们认为自己在改变什么？

有一部卡通片解释了视野的不同可以在多大程度上影响人们日常的工作。片中的两个人在完成同样的任务——切割石材。一个人想象着石头未来的用处，他猜测石头是用来建造一座宏伟的教堂，整个小镇的人都会为它自豪，人们会走上很远的路到那里做礼拜。

另一个人只是想着他需要切割多少石材才能结束一天的工作，他的手会有多疼。理解长远目标的人，比只想把工作做完的人更专注于自己的工作。一切都归结于视野的不同。

瑞典有句谚语:"开怀大笑可以延年益寿。"在其他地方也有类似的说法:"笑是最好的良药。"就员工参与感而言,这个概念提供了一个问题:你在工作中开心吗?有没有欢笑和友情?

最近有一项超过 1000 人参加的调查,他们的年龄在 18～35 岁之间,结果显示大多数人都希望工作更有乐趣,他们需要振作起来,特别是在周一早上。在工作中获得乐趣可以提高员工的参与感和工作表现。

在职场中,管理层设定了工作标准。当领导层可以微笑和享受一个笑话的时候,其他人也会放松。有很多照片是美国前总统奥巴马与他的执政团队在一起开怀大笑。这些优秀的人,他们工作努力,知道如何放松,如何发泄情绪。像总统这样的人,他从事着世界上最繁忙的工作之一,如果他都可以放松下来,享受工作的乐趣,其他人也可以。

控制的文化会阻碍员工参与感和绩效。神经绷得越紧,管理层的控制权就越少,这句话是不是看起来很矛盾?在上一章,我们讨论了管理者过度管控的问题。当员工觉得管理者在控制他们,他们的自主性自然就开始下降,那么管理层可控的就越来越少。

为解决工作场所的控制问题,公司需要创造一个透明的工作环境。一个公司越透明,就越不需要政策和规则,因为文化会代替某些规章制度。我和几家公司合作过,他们员工出差的开支会向全公司公开。他们会把发票上传到一个共享空间。没人希望别人看到自己在花公司的钱坐商务舱,住高级酒店,或者在五星级餐厅吃饭。大家知道一切都是公开的,就会做出更负责的决定。不要低估来自同伴的压力,它在群体中比你预期的更有影响力。因此,透明的文化可以取代许多本来存在的政策和规则。

在工作中频繁收到反馈的时候,员工参与感也会有所提升。很多人希望知道别人对他们的评价,以及他们的工作是否有价值,反馈给予他们追求的翅膀。对于那些在赖斯动机图谱上接受需求度高的人,反馈是必要的;对于那些需求度低的人，反馈也是必要的，他们需要获得这些信息，来促使自己的工作取得改进，使自己进一步成长。

有建设性的批评是反馈的一种，它对于增加员工参与感十分重要，特别是对那些争强好胜的人。那些人总是希望比组员和过去的自己做得更好。另外，一些正面的鼓励会让人充满斗志。不过，在你做出反馈之前，要思考对方的基本欲望和接受度。建设性的反馈有时会适得其反，可能会伤害一个对接受需求度高的人。

提供反馈最大的好处是快速和自由，并且能产生持久的积极影响。最简单的形式可以是管理者发给员工的一条短信，如："嗨，约翰（John），你今天早上的报告做得不错。哈尔（Hal）很喜欢，我也很喜欢。辛苦了！"当反馈跟一些具体的成就或者关键信息联系在一起时，它就会拥有更大的力量。反馈并不仅限于管理者与员工之间，在敏捷组织中，反馈是持续的，在员工之间、员工与管理层之间都可以分享。

> 如果我们使用一个应用程序来进行互相反馈，可以看看它得到的效果是怎样的。我们还应该尽可能多地给组织提供其他的选项。例如，"这里有三个反馈工具可供选择，你可以用任何一个，更精确地了解人们对你的评价"。
>
> ——瑞娜（Riina）

专注于实现组织、团队和个人目标是另外一个提升员工参与感的办法。人很容易就会分散精力，但是优秀的团队知道如何重新组织大家的精力，把他们的注意力集中在公司的使命和发展上，以支持公司的理想。

赛车手专注于赢得比赛。要做到这一点，他们需要保持良好的状态，这意味着汽车需要处于良好的运行状态，赛车手的体能和精神也需做好准备。赛车手会采取很多措施来进入这种最佳的参赛状态，当他在比赛当天上车时，他脑子里就只有一件事：赢。员工需要以同样的专注和准备来对待他们的工作。保持专注意味着不断调整任务的优先级，一次只专注于几件事。当人们同时有太多事情要做时，单一事件的质量就会受到影响。

同时，人们需要确定他们能够做什么和不能做什么。管理不负责创造所有人的目标，员工需要在公司目标的基础上确定他们自身的目标。

组织中的每一个人的目标，都应该与公司目标直接关联。他们需要决定关注什么，优先级在哪里，以及如何完成任务。这也是创造信任环境的一部分，在这里人们可以享受自主性。当管理人员信任他们的员工时，员工会感到被授权，这将引起更深层次的联系，并且让人们工作更投入。

自主就是为员工创造更多的自由和灵活度。如果有人喜欢凌晨工作，那就让他们这么做。如果有人喜欢在家工作，通过软件远程跟大家开会，那就让他这么做。也就是说，允许员工在他们喜欢的时间、地点，以他们喜欢的方式工作。

成熟的员工已经了解他们的角色，不需要太多指导。新员工往往需要有人给予他们指引。这是程度的问题，不过重要的是要允许员工去主导对话，让他们说出自己在什么时间、什么地方需要帮助，而不是只简单地告诉他们该怎么做、如何去做。

四、平衡个人和团队需求

运作良好的团队，团队成员为团队的付出比为自己更多。就是说，团队就像家庭。他们把集体的需要放在个人的需要之上。然而，个人绩效和团体绩效之间必须要有平衡。

在高绩效团队中，一加一等于三。人们建立在彼此的能力基础之上，并利用他们之间的差异变得更强大。这需要努力工作和沟通。建设性的讨论取代了持续的冲突，因为即使每个人的动机都不同，他们也要集中在同一个目标上。

通过赖斯动机图谱我们了解到，有的人更适合在团队中工作。考虑到企业对团队合作的重视，管理者该如何有效地引导和鼓励那些喜欢独立的人参与到合作中呢？最好的方法是，认可他们的喜好，让他们在自己舒适的范围内跟别人合作。不要试图改变人，要让工作去适应人。

比如你是一个四人团队的管理者，其中三个人喜欢团队项目，不过另一个人非常独立，在需要与团队合作的时候，她看起来非常不适应。我们就不要强迫她加入团队的所有互动，而是以一种更高效的方式让她参与。比如对她说："丽莎，你来做 X、Y、Z 怎么样，同时我们其他人做 P、D、Q。几天后我们再见，看看结果如何。"这个建议让丽莎在舒适的环境中，更安全、更轻松地工作，但也让她知道她所做的工作是团队的一部分。

当人们感觉良好时，他们往往表现得更好。目的是在员工满意度和达到企业目标之间创造最佳组合，这意味着每个员工都应该按照自己的基本驱动力来工作，以获得最佳绩效。对个人的最大满足等于他们对组织的最大贡献[1]。

五、员工参与感调查

> 如果你想进行员工调查，那么你最好在每次调查中都少问一些问题。这样参与者就会更愿意回答，因为他不需要花太多时间。员工调查不适宜间隔过长的时间，也不宜一次准备过多问题，因为过长地占用员工的时间，你得到的回答率就会很少，无法得到想要的反馈。
>
> ——塞西莉亚（Cecilia）

参与感调查是大公司 HR 部门的热门话题。他们会花很多时间和资源去进行年度员工参与感调查，不过这些调查似乎并不是特别有用。最常见的问题是它往往关注衡量，而不是改进，衡量完之后没有行动。而管理层也没有意识到他们的主要责任是对员工参与感负责任。

我们必须首先问一问，我们为什么希望衡量员工参与感。是因为我们必须对管理层所负责的工作感到满意？我们是想说："我们要在参与感调查中得高分！

---

[1] 布莱辛·怀特，《员工参与感的"X"模型：最大满意度等于最大贡献》，GP Strategies，专业咨询机构，2012 年 3 月 6 日，http://www.youtube.com/watch?v=gz3wxgog4nc。

这才意味着在这个领域，我们工作做得很好，每个人都能看到，对吗？"还是因为我们真的希望提升员工的参与感得分，不管上一次的衡量结果有多高？我们是否希望让员工对公司感到更满意，让他们知道如何为企业的目标做出更多贡献？

用先进的统计方式和方法去衡量是一种好的做法，但是它不能解决提高员工参与感的问题。设计问卷的公司有基准数据，但是他们很少能帮助客户选择正确的答案，并支持在调查中设计问卷。这本身就有问题，即使我们能够找出完美的衡量方法，但问题在于参与感本身，而不在于衡量的数字。

动机只来源于内心。它被人内心的动力和意愿所驱动，从而去做想做的某件事情。你不能把管理层核心的责任分配给一个外部的公司，且相信它能提高参与感。

企业高管和人力资源部门以前都是通过雇佣外部评估公司来判断现有公司的环境是否是一个良好的工作场所。以往这种评估的分数通常显示是很高的，管理层和人力资源部门会很自豪地说："看我们公司员工参与感的分数有多高。员工很满意我们的公司。"于是，他们不需要再想有关员工参与感的问题，直到明年按同样的流程再做一次。

这个流程存在几个误区：

● 将调查的任务授权交给外部供应商：员工本身有很好的技能，并且知道什么能让人们保持参与。你不需要花钱买别人设计好的问题和昂贵的答案。如果你直接问员工什么能提高他们的满意度和对公司目标的贡献能力，就可以得到最真实的答案。然后一起去提高它就好。

● 没有必要问一百个问题：你可以简化问卷，缩小调查范围。如果问题太多，员工就可能在机械地填表，只想快点填完。问题越少越好，这样我们就能衡量趋势，并看到随着时间的推移，参与感的承诺是如何培养出来的。

● 过于中心化：不要只让 HR 部门负责衡量，公司应该把责任分配给团队。这是创建参与感的学问所在，也是当缺乏参与感时，要如何进行应对的方式。HR 应该支持正确的工具、指导方针和辅导，以帮助团队为自己的参与感承担责任。

● 由谁负责：谁应该实际为员工的参与感承诺负责，是社会、公司、HR、管理层还是老板？又或许是员工本人？虽然有些讽刺，但这是很常见的疑问，员工往往认为别人应该为他们的职业幸福负责任。实际上，只有你自己才能影响和提高你的参与感——假如你有合适的工作条件（工作条件应该是由 HR 或管理层负责）。

- 持续的流程永无止境：一年关注参与感一次太少了，对动机的关注应当是一个持续的、永无止境的过程，它从早晨上班到下班，甚至持续到下班之后，这是一种思维方式的转变。我们还需要公司创造一种积极努力的文化，让员工易于理解公司的总体目标，同时理解团队和自己该怎样帮助公司实现目标，并且员工能感受到被尊重、被倾听及拥有价值。

> 我认为人力资源部应该以证据为基础（Evidence-Based）。他们的决策是建立在证据的基础之上的，就像我们在敏捷中经常做的那样。进行一些测试获取数据，知道哪些有效、哪些不起作用。从这些数据中，不断发展流程。
>
> ——瑞娜（Riina）

如果你在使用年度参与感调查时遇到一些麻烦，想要逐步走向更加敏捷的方式，下面是关于人力资源的一些具体建议：

- 首先要快速、轻松地衡量。我喜欢盖洛普的 12 个问题，因为它们简单、快速，并且适用于所有行业、文化和有规模的组织。此外，它有 2500 万个测试用户，有大量的基准数据可以挖掘。

- 跟 HR 部门的同事一起分析结果——首先看看结果是否有些"糟糕"，当管理者和员工参与讨论时，我们应该以什么为基础进行讨论。

- 让管理者和员工参与，并对行动提出建议。告诉他们衡量的结果，跟管理者还有团队一起进行研讨，对于要怎样来承担我们的责任，每个人都可以提出具体的建议，并把研讨的结果分享给其他团队，可用"世界咖啡会谈"（会议模式的主要精神就是"跨界"，不同专业背景、不同职务、不同部门的一群人，针对数个主题发表各自的见解，互相碰撞激发出创新点子）的方式进行练习。

● 向管理者和员工分配任务，定期采取行动，每周或每月问三个问题进行衡量（可使用 Excel 或其他简单工具，具体怎么做并不重要，需要的是进行询问和沟通）。

○ 现在感觉最好的是什么？
○ 现在感觉最坏的是什么？
○ 你自己或你的老板或人力资源部能做些什么来提高你的满意度？

● 逐步为衡量和行动分配更多的责任。持续改进和后续行动永远不会是"准备好的"，这是一个不会结束的永远持续的过程。将越来越多的衡量和行动的责任分配给员工，会增加他们的责任感，让他们觉得自己确实有这样的责任，而且这本身就是一种参与。

● 六个月后，再用盖洛普的 12 个问题来衡量。注意有进步的地方，并且庆祝成功的地方。然后每六个月衡量一次，在每个时间段之间，要在团队内继续改进工作。

● 通过每月回顾来持续评估和调整方法。在回顾中，你要回顾并思考如何使用以下的问题改进方法：

○ 我们在哪些方面做得好？
○ 我们应该继续做什么？
○ 我们能改进什么？
○ 我们能停止做什么？
○ 我们应该改变什么？
○ 我们应该开始做什么？

重要的是要在每次衡量之间继续地工作，持续地改进，把责任 100% 地分配给团队。HR 和管理者的职责是鼓励所有员工对自己的承诺负起责任，并就如何改善职场透明度进行沟通，使人们充分发挥自己的潜力，共同创造真正的成果。

> 我希望再增加一个沟通工具：一个持续性的组织对话工具。让组织进行良好、尊重、透明和公开的对话，讨论人们需要什么才能更好地工作；要更加敏捷，组织需要做什么；或者需要什么才能持续地创新；组织是否提供开放的交流；等等。
>
> ——瑞娜（Riina）

六、员工参与感调查：从传统方式到敏捷方式

传统方式	敏捷方式
每年调查一次	经常调查
问一百个问题	问几个或者多个问题
HR 负责	团队负责
重点跟进	授权跟进
衡量比行动重要	行动比衡量重要
昂贵	经济
效果甚微	效果显著
衡量的目的是控制	衡量的目的是增强动机

第十四章
敏捷与大脑

"社交痛苦的经历,短期内是让人压抑受伤的,但它是一个进化式的适应,它促进社会关系,提高生存能力。"

——内奥米·艾森伯格(Naomi Eisenbérger)

人的大脑是社会性的。内奥米·艾森伯格是《未来的科学》一书的作者,同时是加州大学洛杉矶分校(UCLA)心理学副教授,也是一位领先的脑科学研究者。她进行了一项研究:当人遭到拒绝时大脑的变化。这项研究的结果就是会出现社交痛苦。

她的实验涉及一个实验对象和另外两名参与者。三个人集合在一起(无论是在现实生活中还是以数字化的方式)进行一场传球接球比赛。一个球在三个人之间传递,直到意外发生,实验对象被排除在游戏之外,剩余的两名参与者继续向对方扔球。艾森伯格研究了实验对象离开后的感觉,结果显示即使游戏是数字化的,实验对象也会产生愤怒、背叛和悲伤的情绪。

实验对象的排斥感可以追溯到大脑前额皮质层的防御机制,这是大脑中记录疼痛的部分。无论疼痛是身体上的还是精神上的,它都记录在同一个位置并且感觉相同。

加州大学洛杉矶分校的另一位研究人员马特斯·利伯曼(Matthes Lieberman)继续了这项研究,并进一步支持了艾森伯格的发现。他发现:哺乳动物在社会上的生存依靠他们的照顾者,照顾者通常是母亲,而生理和神经反应直接由与他人的社交互动形成。

管理者面临的挑战是，员工将组织视为一种社交系统，而不是一种为经济交易而设计的系统。当他们被分配一项任务时，如果感到自己的技能水平不高，或者薪水降低，他们会将这种打击视为一种神经冲动，就像感受到对身体的重击一样产生强烈的痛苦。

很多大型组织的员工学会了如何应对批评，以及理解难以接受的信息。他们也许对这些信息没有本能的或明显的反应，但是会影响他们的努力程度和参与感。他们变成了 HR 所说的"交易型"员工，只有得到回报时才会付出。对于管理者来说，理解这种心态是很重要的，这样他们就可以通过给员工提供成功的先决条件和环境来更容易地提高员工的参与感和激励员工。

一、SCARF 模型

SCARF 模型是一种基于大脑的模型，由纽约神经领导力研究所（Neuro Leadership Institute，NLI）的大卫·洛克（David Rock）设计。NLI 将大脑的心理信息与商业环境联系起来，以帮助人们理解工作的概念。SCARF 的创建是为了加强个人与社会意识，提高两者日常互动的质量。还可用于降低受威胁的感觉，将奖励感最大化。

敏捷支持与大脑功能理论相符的工作方式，SCARF 也是可使用的很好的工具，它是一门根植于理解人们如何运作新工作方式的新科学。SCARF 是五个要素的首字母缩写，这五个要素是：地位（Status）、确定性（Certainty）、自主性（Autonomy）、关联性（Relatedness）和公平性（Fairness），同样可以用于防止企业运行出现类似的障碍。下面我们会分别讨论这人类体验的五个要素。

二、地位

社会地位是他人在社会环境中对别人做出的一种判断，它或者加强或者削弱了我们认为自己在别人心目中的形象。人类天生就关心社会地位，因为社会接受程度会影响生存能力。在群体中生存要比独自一个人容易得多。当一个人有自卑感时，与压力或威胁有关的激素就会发挥作用。

地位感是相对的。当我们跟他人或者自己竞争时，大脑的一个位置就被激活了。这与玩电子游戏打到下一关类似。当你收到正面反馈时，会出现同样快乐的感觉，触发大脑某个部分的状态，不需要大的奖励，只要小的奖励就足以启动大脑的这一部分。

我们的地位可以根据我们所在的群体而变化。例如，如果你和亲密朋友在一起，而不是和一群第一次见面的人在一起，你的地位感就会改变。如果你和你的家人在一起，而不是和你的同事在一起，地位感也不同。我们不断地评估我们所遇到的各种社会状况，以及它是如何增强或削弱我们的地位感。

有些组织对工资和头衔很重视，这些都代表着希望从别人那里获得尊重。人们认为随着升职等因素发生变化，地位也会随之改变。实际上，任何一种变化都可以改变地位，只是有些人不想接受自己会失去原有地位的现实。

然而，当企业中每个人都平等地尊敬他人时，这种威胁感就会消失，每个人都达成共识为同一个目标而努力。积极或者消极的反馈取代了奖金、职位头衔或者升职，而反馈也足以刺激地位中枢，反馈对于大脑的作用跟升职或者加薪一样。

三、确定性

熟悉的情景让大脑能够放松，进入"自动驾驶"的状态。在这个阶段，一个人能够同时做很多件事，比如一边开车一边说话。然而，不知道接下来会发生什么，会引起某些人极大的焦虑和紧张，处于不确定的情景会让我们需要更多的精神力量集中注意力来应对。并不是所有的新事物和困难都是一种威胁，但是太多不确定性会让人慌张、成绩不佳和做出糟糕的决策。

确定性与不确定性的领域让我想到克林特·伊斯特伍德（Clint Eastwood）在 1966 年主演的知名影片《黄金三镖客》（好人、坏人和丑恶之人）（The Good, the Bad and the ugly）。电影中有三个主人公，它描绘了一场经典的对决。没有确定性或者可预见性，我们就不知道结果是什么。如果你仔细观察影片中人物的脸，你可以看到他们的感受。当然，克林特·伊斯特伍德看上去果断决绝，从他的表情我们可以很清楚地看到他会赢得这场决斗。这是一个可以看到确定性的很好的例子。

当我们遇到大的问题时，有效应对不确定性的一个方法是我们可以把它分解成更小的、更易管理的问题。当我们一次只专注于一个步骤时，我们就能更好地处理事情，并且增加确定性。在敏捷中，处理小批量的工作是一种常见的实践。

为了减少障碍带来的不确定性，管理者和领导者应该尽可能地让所有相关信息透明。开放和分享知识非常重要，而不是隐藏它。例如，围绕一个决定的过程必须是可见的，这样每个人都能理解他们得到了公平的对待。除了必须要隐藏的信息，例如法律后果，其他的不应该保密，因为透明度能减轻应对不确定情况时的压力。

大脑喜欢通过图片、模型和图纸进行可视化，这也是敏捷的另一个原则。通过可视化加强理解，才能建立共识。使用熟悉的图画有助于进行沟通，知道你在哪里，去往什么地方，把威胁感降到最低，以增强确定感。

另外一个帮助人们增强确定感的方法是培养一个实验的环境。实验是持续学习的基础。在决定是否前进之前，尝试不同的解决方案才能了解什么管用，什么不管用。这是丰田公司的常见做法，他们使用基于集合的设计进行实验，它是一种鼓励灵活性的系统（我们在第四章提到过）。你离解决方案越近，你知道得就越多。

在实验的文化中，失败必须是可以接受的，没人需要为失败感到羞愧，或者担心陷入麻烦。失败会带来知识的增长，并为改进铺平道路。当我们实验时，我们学习得更快，拥有竞争的优势，也让我们感到安全。

四、自主性

工作环境中的自主性意味着人们可以控制他们的工作过程，而不是被人微观管理。他们能够自己决定下一步往哪里走，精力放在哪里，需要学习什么。自主性让员工和团队都更加放松。人们被赋予自由来按照优先顺序安排任务，即做什么和怎么做。当人们能够自己做出选择时，他们的安全感就会增强。我们已经看到在很多知名国际组织中，员工已拥有更多自主权并产生了很多积极影响，而自主从信任开始。

现在科技先进，劳动力的流动性更强，大家越来越多地实行远程工作。他们必须被给予信任去管理自己的时间，跟团队其他成员、公司一起完成工作。年轻一代人认为他们可以在自己选择的时间、地点，以自己的方式工作。有些人工作效率高的时间跟其他人并不一样，并且他们需要空间以自己最有效率的方式工作。自主和信任是相辅相成的，因为两者缺一不可。

五、关联性

只有当人们认为他们属于同一个社会群体时，信任和共情才会发生。当人们遇到不同的人时，他们往往会觉得不自在。而当他们遇到与自己相似的人，就会感到舒适，就像他们属于同一个部落，这就是联系。我们认为彼此越相似，我们就越可能对他们有肯定的感觉。

当我们与跨职能的、流动的团队一起工作时，我们对他人的感受是非常重要的，这在敏捷中是很常见的。通常，我们需要很多时间来接受和我们不一样的人，在大脑开始产生催产素之前（一种让我们对他人感觉良好的激素），我们需要有大量的社交和活动。催产素在各种积极的环境下产生，但通常与爱和笑声有关。

多样性的组织往往会有令人惊叹的效率，而且当人们感觉安全时，多样性也容易被获取到。当大家相处得融洽时，应对改变也更容易。敏捷的管理者希望人们互相了解，降低人们感觉自己不属于团队的情况，人们对彼此的看法，正成为实现最高绩效所必须创造的先决条件。

六、公平性

埃默里大学（Emory university）灵长类动物学教授弗兰斯·德瓦尔（Frans de Waal）用两组猴子进行了一项著名的关于公平的研究❶。这些猴子彼此很熟悉，经常一起吃饭，一起完成任务。在实验中，猴子先得到黄瓜吃，然后要进行一个简单任务。一切都很平静，直到有一组猴子得到的是葡萄而不是黄瓜，平静就被打破了。

这样做的目的就是想要在两组猴子之间制造不平等，结果成功了。没得到葡萄的猴子愤怒了。当它看到它的同伴得到更好的食物，它拒绝完成任务，并开始敲打笼子的墙壁，并且把它的黄瓜扔向一个研究者。当它遭到不公平待遇时，猴子的大脑边缘系统有了强烈的反应。

不公平的感觉，或者觉察到不公平，往往是源于与别人的比较。猴子本来很高兴，但是看到其他猴子得到了更好的，就不高兴了。它的感觉跟我们看到邻居买了一辆新车是一样的。我们的破车跟邻居的新车一对比，看上去更加破旧了。

在传统的工作环境中，有很多被认为不公平的例子：有些人工资更高；管理者可能更喜欢某个员工胜过其他人；有的人总是碰到很好的客户、拿到很好的项目，或者得到很多赞美；有些人可能很满意他们的工资，但是当知道别人薪水是自己几倍的时候就开始不满了。

有些人愿意为不公平而死，很多人更愿意效忠于促进公平的组织和事业。工作环境中薪酬的问题可以导致很多不公平的感觉。对大家来说，更重要的是薪酬政策的公平，而不是薪酬的高低。这是我们大脑运作的基本原理。

领导和管理者所做的每一件事，都在支持或者妨碍 SCARF 原则，这就是领

---

❶ 弗兰斯·德瓦尔，"两组猴子的不公平待遇"，2013 年 4 月 4 日，摘自 TED 博客视频，https://www.youtube.com/watch?v=meiu6TxysCg&feature=youtu。

导力如此具有挑战性的原因。无论是否有意，每个手势、每句话和眼神都在职场上有一定的社会意义。它帮助我们提高对互动的认识，并突出人们的核心关注点，而这些关注点他们甚至可能自己都无法完全了解。

敏捷领导力对大脑是友好的，它顺应人天性的某些部分，让人们能够发挥出最高水平，避免导致人们大脑失灵的环境或者互动。真正的员工参与感就是从理解人开始的，而大脑科学是其中不可或缺的一部分。

现代的管理者就像园丁。他们的工作是创造一个环境以支持持续的成长，满足人们的基本欲望。管理者不能强迫种子生长，他们可以提供所有适当的生长环境，像按时浇水、肥沃的土壤、充足的光照，以及清除杂草等。如果种子还不发芽，那可能就是一粒坏种子。也许在特定的工作环境中，有些问题是无法解决的。没关系，这是完全有可能的。人们需要去一个能让他们发展和茁壮成长的环境，也许是去另一个组织。敏捷的目标就是提供合适的环境，让人们能够发挥出最大的潜能。

也许团队环境有什么问题，某种系统性缺陷让你们表现不好；也许有些个人生活中的事情影响了你的表现。从敏捷的角度，我们分析并找出问题的根源。也许不是个人问题或者工作场所系统性的问题，而是你不适合这个公司或者职位。但最终这个过程会帮助你自己找到答案。

——莱拉（Leila）

总　结

拥抱明天

> "你的工作将会占据你生活的很大一部分,唯一能让你真正满足的方法就是去做你认为伟大的工作。做伟大工作的唯一方法就是热爱你所做的事情。如果你还没找到,继续找,不要停止。只要你用心去找,你一定找得到。"
>
> ——史蒂夫·乔布斯(Steve Jobs)

我们的组织正在面临前所未有的变化:全球的复杂性正在增加,商业模式在改变,员工对工作的看法也在改变,数字化给我们工作的方方面面都带来了冲击。很多组织,不论大小,都希望在这些改变中领先。

没有通用的解决方案应对这些快速的变化,但敏捷是未来的工作方式,敏捷思想与大脑应对我们周围高度复杂世界的方式是一致的。组织可以选择或多或少地敏捷,这取决于他们独特的结构、流程、文化、传统和领导力。

> 如果我们改变 HR 的工作流程和我们的思维模式,我们就能塑造出一个不同的文化。
>
> ——法比奥拉(Fabiola)

敏捷成熟度评估

在迅速变化的时代，你处于什么状况？如何应对新的商业游戏规则？组织在敏捷性和体现价值的成熟度方面，能否在未来工作环境中具备竞争力？

我一直在考虑如何帮助公司确定他们的发展方向和道路。要评估某个组织的成熟度级别，你需要查看整个组织，而不是其中的一小部分，而且每个部门和团队都会影响整体。一个整体系统化的检查敏捷成熟度的方法需要包括四个核心部分：动机、改变的领域（以前的流程和 IT 系统）、领导力或文化，以及组织结构。

动机

人才是企业的驱动力，他们代表着文化、能量和灵魂。让一个组织有活力，你需要从人开始。这些人是谁？是什么让他们这样做？什么情况下他们会把一流的表现带到办公室？怎样才能让他们既为公司服务又为自己服务？人才是所有改变的起点。

改变的领域（以前的流程和 IT 系统）

改变的领域是公司从过去走向未来的方法。这些改变已经在本书中许多章节的结尾进行了详细说明，我已经列出了传统和敏捷工作方法的对比。在两个极端之间有一个最佳位置，诀窍是如何尽可能地靠近它，并且当最佳位置移动时，能继续靠近新的最佳位置。

> 我们如何获得信息，我们如何完成任务和项目？很多笨重流程都是通过敏捷方法来消除的。因此，有的团队专门会说："我们想要改变我们的组织设计。"虽然我们能够做出设计，但是这些变化往往都是自然产生的，它们开始进化成网状结构或豆荚式（Pod）结构，我们喜欢称之为豆荚式结构，这种逐渐形成的生态系统能很好地适合豆荚形的结构。
>
> ——法比奥拉（Fabiola）

我们花了很多时间探讨传统方式和敏捷方式的不同。假设在 1 到 10 分的范围内，公司越敏捷，得分就越高。

分数是公开讨论的结果，没有对与错，唯一重要的是你应当继续进行讨论，不断实验——不断失败，不断学习，不断进步。详细的流程往往灵活性低，并且通常存在更强的控制环境。如果你想变得更敏捷，问一问是否有这样的价值观：每个人都以同样的方式工作吗？我们的 IT 系统能否支持更灵活的组织？目前工作需要哪些先决条件？我们如何才能更有效、更和谐地运作？我们需要什么来实现公司这个愿景？

领导力或文化

当我们改变做事的方式、工具和方法、模型和 IT 系统时，我们也在逐渐改变组织的文化，并开始以一种崭新的、更好的方式做事。它创造良性的循环，促进文化和结构不断地加强，并在两者之间达成平衡。

组织的价值观是什么？哪些行为应该与这些价值观相符？理想的行为和实际的行为有什么区别？我们如何改变行为，从而改善我们的文化？管理者和人力资源如何通过提供工具和鼓励新的工作方式来支持这种变化？在没有领导者的情况下，我们如何做出决策，并提高自组织、透明度、信任、协作和心理安全感？

开始这样的旅程需要成熟并且勇敢的领导者，但他们的存在可能会给其他人造成威胁。

组织结构

公司的组织结构包括汇报线、职能部门、组织结构设计等。你所在的公司是什么结构？是层级结构还是流动动态结构？支持较少的管理并加强协作需要哪些变化？能不能打破部门之间的壁垒，创造更多跨职能的工作环境，而不是筒仓式的部门？我们如何创建一个以流动和价值创造为基础的有机体，以便适应外部世界的变化？

你怎么知道最佳位置在哪里？你应该向哪个方向前进？问问你的员工——他们的集体智慧会给你指明方向。问他们正确的问题，你就会得到答案。这就是为什么要创建一个自我改进的系统，在考虑组织当前的情况下，系统能够识别出未来需要适应哪些方面，而提出问题是变得更加敏捷的一种方式。

> 当一个公司想知道是否应该从敏捷人力资源开始时，我会说："好吧，先投入进来，使用对你有用的部分，不用没用的部分。"从小的地方开始，然后扩大范围。"除非你开始行动，否则你不会知道什么是有用的，什么是没用的。"
>
> ——塞西莉亚（Cecilia）

采用敏捷形式还是敏捷价值观和原则？

敏捷形式（Doing Agile）和敏捷思想（Being Agile）之间有很大的区别。在向敏捷思想转变的开始阶段，你主要是在学习使用工具、新的工作方式（Way of Working），以及组织设计的改变。一段时间后，新的工作方式持续下去了，你可以更多地关注文化、组织价值观和行为上的改变。

要想让敏捷获得成功，不仅仅要使用敏捷的方法、工具，你还要改变你的思维方式，采用新的价值观和新的原则，并逐渐形成崭新的、敏捷的文化。不是所有人生来就有敏捷思想，正如我们在赖斯动机图谱章节所谈到的，人们可以多多少少地采用敏捷，不过个人价值观不等于你的行为。所有人都能以敏捷的方式行动，只要他们被激励想这样做。

使用敏捷工具和模式一段时间以后，你将能够通过反复试错来开始更改和适应敏捷的方法，这些都应该适应组织的具体需求。持续改进将取代旧的工具，你将知道自己正在成立一个敏捷组织，而不仅仅是采用敏捷形式。当大多数人开始以敏捷原则作为他们的指导时，你就可以让转型发生并且可以放松一直紧张的神经了，你正在顺利地完成敏捷转型这一过程。

全速前进

> 你觉得自己不能在一年之内创造一个自我指导、自组织的敏捷团队，不过你仍可以逐步开始，朝着这个方向一小步、一小步地努力前进。
>
> ——瑞娜（Riina）

我曾工作过的一家公司是荷兰国际集团（ING），它的管理团队已经认识到敏捷的价值。通过学习一种全新的思维方式，使用新的工具和原则，他们已经向未来全速前进，尽管有时候他们并不知道这种前进是否会成功。

他们都知道这个过程需要时间，他们必须先学会爬，然后才会走。这条道路上有许多挑战，但是他们知道他们已经走上了正确的道路，即使是慢慢地、一点一点地走，他们终会到达目的地。当我们十年后再回头看，我非常肯定荷兰国际集团将被视为经历过艰难转型的大型公司之一，它从笨重的大象转变成敏捷的猎豹。我祝愿他们在敏捷的冒险旅程中一直好运。

很多大型机构都面临着相似的挑战，有些已经开始敏捷转型，有些还在考虑，有些还没有意识到他们应该这么做。但我们必须明白，未来属于那些开始适应环境并释放员工潜力的公司。

诗歌《如果》

作者莱安德罗·埃雷罗（Leandro Herrero）博士

莱安德罗·埃雷罗博士是我最喜欢的组织架构师，他建立了一个叫作"每日思考"的博客。你可以在 leandroherrero.com 网站上找到。下面这首改编的诗歌在他的博客上发表，我认为它很好地总结了我们该如何思考组织。

如果你领导的不是公司，而是一个社区。

如果你带领的不是员工，而是一群内部的积极分子。

如果陪伴你的不是领工资的员工，而是像志愿者的同事。

如果你要完成的不是任务，而是一件伟业。

如果你拥有的不是一种文化，而是一种社会活动。

如果你拥有的不是一群领导者，而是经纪人。

如果你拥有的不是团队和团队之间的合作，而是在他们之间连接的网络和广泛的协作生态。

如果你拥有的不是要花费的预算，而是投资。

如果你拥有的不是员工参与感，而是员工的热爱。

如果你拥有的不是要执行的商业计划，而是要进行一项商业运动。

如果你拥有的不是年度员工参与感调查，而是持续的意见抽样。

如果你问的不是人们为什么离开，而是他们为什么留下来。

如果你拥有的不是挂在墙上的价值观，而是实际不可协商的行为准则。

如果组织结构不是固定的，而是可以根据需要进行自我重新配置，不会产生噪声或任何麻烦。

如果变革管理这个名词不被使用或不需要存在。

如果人们都排队希望加入。

如果你说的是易于理解的话，而不是管理术语。

如果工作生活的平衡被视为伪命题，而你同样热爱工作和生活。

如果你在每天九点步入的是一个奇妙的地方，并且期待每个周一的早晨。

如果你能感到你个人做的事情有真正明显的影响和贡献。

那么，"你的修为就会如天地般博大，并拥有了属于自己的世界"。

更重要的是，孩子，你将成为一个新的领导者！

敏捷人士宣言

敏捷人士乐于相互合作，**以便**创造满足人类需求的非凡价值和创新的解决方案
（参与、创新、好奇心）

敏捷人士积极地拥抱多样性和包容，**以便**创建让人们感到安全和真正属于自己的社区
（多样性、安全感、归属感）

敏捷人士与个人、企业和社会紧密相连，**以便**建立一种培养、重视和释放人的能力的文化
（文化、联系、人性、关注更广泛的社会）

敏捷人士不断追求生活中的意义和目标，**以便**在职场中建立重要而正面的影响
（目标、意义）

敏捷人士积极地寻求实验和学习的机会，**以便**在不断变化的环境中快速适应

并茁壮成长

（适应性、实验）

敏捷人士提倡跨组织和团队的透明度，**以便**实现信任、所有权和自组织（透明度、承诺、责任制、自组织）

敏捷人士发挥跨界合作的能力，**以便**跨越组织的障碍，促进主动的协作（跨职能、协作、沟通、学习）

2019 年 6 月，在瑞典斯莫根的一次会议上，来自世界 15 个国家的 19 名敏捷人士参与敏捷人士宣言的起草

这是我们送给**所有人**的一份礼物

巴拉·阿西尔瓦塔姆（Bala Asirvatham）、谢丽尔·坦西（Cheryl Tansey）、克劳迪奥·林古拉（Claudio Lingua）、埃德·卡杜拉（Ed Cadura）、古斯塔沃·库托（Gustavo Couto）、赫尔吉·古德蒙德松（Helgi Gudmundsson）、伊南克·西瓦兹（Inanc Civaz）、詹姆斯·斯通（James Stone）、谢尔·托雷·古特姆森（Kiell Tore Guttormsen）、米歇尔·斯通（Michele Stone）、米凯尔·莱因斯克尔（Mikael Leinsköld）、奥拉·伯格（Ola Berg）、巴勃罗·德尔加多（Pablo Delgado）、黄邦伟（Pan-Wei Ng）、碧雅-玛利亚·索伦（Pia-Maria Thoren）、史蒂夫·科纳德（Steve Conard）、塔马拉·莫利纳斯（Tamara Molinas）、沃特·巴克（Wouter Bak）、奥萨·霍尔姆伯格（Åsa Holmberg）

了解更多，访问网站：https://agilepeoplemanifesto.org/english/chinese/
著作权为上述作者所有，欢迎联系： info@agilepeoplemanifesto.org

延伸阅读

彼得·安特曼：《打倒金字塔》。

尤尔根·阿佩罗：《如何改变世界》。

尤尔根·阿佩罗：《幸福领导力》。

比亚特·伯格斯尼思：《实施超越预算》。

查尔斯·都希格：《更聪明更快更好》。

亚当·格兰特：《离经叛道：不按常理出牌的人如何改变世界》。

加里·哈默：《现在最重要的事》。

杰里米·霍普，彼得·邦斯，弗朗茨·鲁斯利：《领导者的窘境》。

杰里米·霍普，罗宾·弗雷泽：《超越预算》。

凯文·凯利：《失控》。

露易丝·凯莉，卡门·梅迪纳：《优秀的叛逆者》。

凯文·克鲁斯：《员工参与感》。

弗雷德里克·拉卢：《重塑组织》。

保罗·马西亚诺：《胡萝卜加大棒并不管用》。

雅各布·摩根：《重新定义工作》。

道格拉斯·麦格雷戈：《企业的人性面》。

丹尼尔·平克：《驱动力》。

史蒂文·赖斯：《我是谁：成就人生的16种基本欲望》。

史蒂文·赖斯：《正常人格：对人的一种新的思考方式》。

彼得·圣吉：《第五项修炼：学习型组织的艺术与实践》。

杰克·韦尔奇：《赢》。

采访马蒂·克拉森，负责 King 公司人力发展、管理 3.0 的推动者

现在的职场发生改变了吗?

职场已经发生了很大的改变。我们正面临着范式的转换,从层级和传统结构向网状结构转变。这些变化反映在我们当今的社会,你的社会关系和社会生活变得越来越重要。你的公众形象和人际关系,包括你的私人生活,都影响着组织和职场中的形象。层级式的结构已经不那么重要了,重要的是职场中的社会关系。

我们改变了多少?

我认为我们已经在改变的途中了。不过有一些企业,特别是技术企业,正在引领潮流。技术行业职场的转变是最迅速的,人们习惯于用崭新的方式处理人际关系。如今社交媒体已经出现在职场中,反映着人们如何创造新关系以及这些关系的重要性。

大型传统企业要改变有多难?

确实非常困难,但这是有关组织存亡的事情。有些组织正发生根本上的变化。例如，荷兰国际集团（ING）正在引入新的范式。他们从声田（Spotify）的部落和小队结构中获得了灵感。荷兰国际集团实施了声田模式，员工需要（再次）申请工作。也许不是所有的员工都能适应新的结构，但不管怎样，他们为了生存选择从根本上做出改变。我个人认为这对于大型的传统组织来说是必要的，因为如果你不改变，你可能无法长期生存下去。

所以，在这种情况下，改变必须是自上而下的吗？

是的。我们必须等待这些组织改变的结果。时间会证明它是否是一个正确的决定。美捷步也经历了类似的情况。他们正朝向合弄制的网络组织形式进行彻底的改变。我们还不知道结果如何，他们做出改变后就变得安静了。不过他们的改变是巨大的，而且不是所有员工都同意，我记得有20%的员工辞职。

不管怎么说，改变本身就很困难。有些企业遭受的打击更大。在这种情况下，你认为自上而下的主导是正确的吗？

我们看到的是，即使在一个传统的层级结构的组织，人们更倾向于建立网络，因为关系很重要。高层管理人员会问自己："为什么人们不按照我们说的去做？"因为他们的结构不符合现实。在这种情况下，我们就会看到小圈子和圈子内的优化，但这可能不会发展成最初期望的结果。

自上而下和自下而上必须同时进行，改变必须获得基层人员的共识。

应对新的范式，领导力改变了吗？

我认为没有。这个过程有些缓慢，但它必须发生。我们的管理者需要接受学习。在MBA课程中，我们看到旧范式仍然被教授给学生。在弗雷德里克·泰勒1900年的模型中，一切都被看作是机器并且需要最优化。这在1900年初是行得通的，但是现在已经不管用了。我们不是在制造业，不能把人当作资源看待，一旦不好用就可以优化或者替换，但是这种理念还在课堂上教授。层级结构终究还是优化工作流程的一种方式，领导力必须转变为一种考虑"整体目标"的思维体系。领导每个人并不是我们的工作，我们应该学习如何创造合适的条件和环境，让企业中的每个人都蓬勃发展。

员工有没有变化？有什么样的变化？

是的，我认为员工变了。他们更容易适应，因为变化也反映在他们的个人生活中。员工构成了文化，构成了企业，当员工改变的时候，企业也就随之不同。我认为员工面临的困难不比更高层的人员要少。

这是为什么？关系到什么？

有责任就有风险，而且人们可能并不想承担任何风险。在敏捷的理论中，短周期迭代能够降低风险，迭代周期越长，风险就越高。一个人在企业中的层级越高，他们肩上的责任就越重，但是他承担风险的意愿就越低。因此，最好是由员工自己来做决定，然后把他们的观点传达给上级。

工作本身有变化吗？

就像摩尔定律一样：它越来越快，在不断地变化。我们正在由制造业走向知识和服务行业。看看外面的世界：它也在不断变化。人们愿意行动，愿意进行尝试。比如说，换一个电话服务商非常容易；如果你玩过了一个冒险游戏，你还可以玩其他游戏。人们更愿意接受新的观点、技术和做法。我们可以确定一件事：变化永远存在，我们需要适应。当世界变得更快的时候，新产品和服务进入市场的过程也需要更快。这是敏捷开始产生影响的地方，以便你更快地迭代并尽快针对最终用户进行验证。

人们换工作的频率和速度比以往都快，这是好事还是坏事？

从整体目标来讲可能是好事。过去人们可能在同一个企业工作到退休。

现在，由于人们经常换工作，知识的传播可以在企业之间流动。如今，企业在变，人也在变，一切都越变越快，当一切都数字化之后，距离也缩短了。我有一个观点，就是未来人们不会再为某个企业工作。取而代之的是一个看起来像提供咨询的网络，你可以去想去的任何地方工作，给他们提供所需的最大价值。企业可以与网络建立联系，评估需求，然后说："这是我们的需求。我们想要的知识在哪里？"人们可以在企业间自由调动，企业也可以招聘他们需要的人才。就像 Visa 卡一样，它是一个国际组织，而不是一个银行提供一张卡就能支付所有费用，需要这种服务的企业就可以加入它。我希望企业也能这样，在组织之间建立联系，员工能够在系统内自由流动，超越组织的界限。

什么时候透明度会成为问题？

沟通与透明度是紧密相关的。我们如何沟通所需的信息将决定透明度是否成为问题。

为什么 HR 需要敏捷？

因为随着范式的转换，没有其他选择。HR 需要适应组织的变化，需要更快地提供产品和服务。HR 不进行自我调整，怎么能支持新型企业的需要？因此，问题不是为什么 HR 需要敏捷，而是什么时候开始敏捷；不然，HR 将无法生存。

为什么大型传统组织应该从 HR 开始敏捷？

企业必须先决定他们何时希望改变。你不能一下子就跨出一大步，必须从小处开始。寻找你能在组织中找到的资源，找到一些本地现成的资源，并在推广之前将其作为一个小的样品进行尝试。我认为公司需要选择是否进行改变，这只是个时间问题。

敏捷培训会被误解吗？真正获得敏捷思想需要什么？

变化必须发自内心。敏捷培训可以成为一种控制工具，可视化团队的工作流程，你可以确切地知道他们在做什么。通过每日的站立会议，你可以很好地管理团队，这可能是最好的命令和控制工具。但要想变得敏捷，你需要思维方式和内心的改变。

总体来看，HR 有哪些短板？

问题在于人力资源并没有位于组织的"内部"，他们试图从外部提供支持，他们经常忽略的是"内在的"洞察力和适应性。人力资源期望拥有一个完美的绩效管理体系，他们觉得"如果这个体系到位，我们的工作就完成了！"。但是在现实生活中，组织需求是不同的，完美的绩效管理体系是不够的。HR 需要在管理者和员工之间活动，倾听他们的需求，必须试着去理解他们的要求，并从这里开始！

在理想世界里，我希望看到一个不需要中央人力资源的组织。有时候，人力资源部门掌握流程的所有权。这个权利原本属于管理者和员工，目的是让他们变得更具有活力和高效，但现在我们反而建立了一个外部人力资源组织来接管这个权利。

如果你所在的组织遇到领导力的问题，应首先检查一下人力资源部门的规模有多大。当有了一个庞大的人力资源部门，你就不能期望管理者对领导力全权负责。在我看来，人力资源工作者也属于管理者，管理者不能将领导力的所有权推卸给别人，也不应该被人力资源部门抢夺！

在敏捷企业中，HR 的传统角色将会如何变化？

HR 传统角色是创建、实施工作的流程和规则，而敏捷的做法是要更富有洞察力和适应性。HR越靠近组织越好，这是敏捷HR的核心。它应留在组织内部，而不是外部。

你怎样实施敏捷招聘？

在King公司，招聘流程是公开的，并且是可视化的。在HR部门，我们有一个招聘看板，将进展可视化——空缺岗位和动态。招聘团队能知道彼此的工作状态，并且互相支持。每个招聘人员都负责一个特定的领域，并且招聘人员位于组织内部，负责寻找内部的需求。他们可以询问每个领域的管理者有什么需求，以及如何支持他们。有时内部的调动已经足够了，无需进行外部招聘。如果你做到可视化、开放，并且靠近组织，你就能更好地运用人才管理流程。

敏捷能够改善应聘体验吗？

当然，因为招聘过程不仅对招聘人员是透明或可视化的，而且对外部也是。应聘者们可以更快地得到反馈，他们清楚地知道他们到了哪一个环节。当实际与期待相符，他们的体验会更好。虽然我们的流程很长，需要六七次面试，但申请者能够清楚地知道接下来的环节。就算没有被录用，有一个好的体验也很重要，希望应聘者感觉到自己经历了一个很好的应聘流程，合理的预期就能达到这一点。

敏捷领导力和传统领导力有什么区别？

我们的组织正在朝向社会关系比层级结构更重要的方向发展。最大的不同在于，要更多地着眼于整体目标，并为员工创造合适的条件，而不是构建人们必须遵循的汇报路径或通道。在敏捷领导力中，信息可以在整个组织中流动，决策可以在正确的地方进行。

敏捷组织需要哪些价值观？

在组织开始做决策和在组织内开展工作的时候，你需要有一个包容的心态。所做的决定应该是越贴近核心的员工越好，也包括受影响的人们。员工和管理者必须接受包容的心态、透明度和对每件事务的开放性。信息必须在组织内流动，以便在合适的地方做出决定。人们需要得到足够的信息才能做决定。

作为一个组织，HR 如何开始变得敏捷？

响应组织内员工的需求是一个良好的开端。你不能只使用一种工具，认为有它就够了。每个组织都不同，所以一个工具显然是不够的。这就是为什么你要用 Scrum 或者看板工作，因为我们不知道未来会是什么样子。HR 需要做的是倾听和理解组织内的需求，需要与组织内的人密切沟通。

在今天的组织中，这些通常很欠缺，因为 HR 部门没能在正确的位置思考他们该如何支持组织，没有走进办公室询问人们真正的需求。你无法从外部管理一个复杂的组织，你需要从内向外看，它就像人的大脑一样，是最复杂的事物。

举个例子：在 King 公司，几年前在技术开发人员的支持方面出现了问题。我们希望给开发人员增加业务上的支持。在那时，我们想出一个主意，就是让研发经理当教练，因为他们仍然是开发人员。我们在斯德哥尔摩开始小规模实施并进行评估，之后再推广到其他的工作室。先找到规模最小的进行实验，从那里开始扩大，这也将风险降到最低。

如果你希望 HR 变得敏捷，应该从小型实验开始，而不是推出一个全新的绩效管理流程，从管理的角度来说这意味着更高的风险。在组织中找到一个当地需求，并从那里开始，这样做不会损害整个组织。

可以采用哪些工具？

仅仅实施敏捷人力资源可能很难。但是有一些工具，比如管理 3.0，可以支撑敏捷领导力的改进，以及理解员工内在的动力。移动内驱力卡片也是一种很好的工具，它可以帮助你找到员工的内在动力，以及如何在特定的角色中支持它。

为了使员工明确责任范围，并创建合适的期望，我们在 King 公司经常使用授权扑克（Delegation Poker）。例如，团队会跟利益相关的各方使用授权扑克来设定期望。我们向所有的开发经理介绍移动内驱力卡片，让他们能够跟开发人员进行有效的交流。

采访 OPO 创始人 博尼塔·罗伊

敏捷和 OPO 有什么关联？

敏捷拥有一些新的方式，但是对于过去为什么会犯错误，他们没有太深入的了解。我的工作给敏捷社区带来很大的启发，我认为部分原因取决于我们之间在社区内的交流。

我们要做的是完全整合。组织可能面临问题，他们试图找到解决方案。但在这个过程中，组织发现可能的解决方案并不起作用，并且会增加问题的严重性和复杂性。当花的时间越来越多，却仍然找不到办法解决时，挫折感就会出现，但公司总是以这种方式不断发展。一些新公司一开始很敏捷，但当它们成长后，就会陷入同一个循环，面临同一个问题。他们以为找到了一个解决办法，我会说："哦，不不不，这是一种解决方案，它创造的结构实际上不是你想要的。"

我认为其中一个挑战是：我们如何教会人们辨别指标，如何教会他们知道什么时候循环会出现。我希望他们用另一种思维方式去考虑解决方案。

我举个例子。当我刚开始做这件事的时候，我在一家科技公司工作，它在加拿大和欧洲有很多分公司。而我之前是跟一位创始合伙人一起工作，他在敏捷社区中工作和成长。在他的组织中，他们教授敏捷、Scrum认证还有管理3.0。不过，他承认在他自己的公司出现了无结构的严重问题。公司的运作没有足够的结构支持，团队已经变得非常封闭，不能向前发展。他请我和他一起解决这个问题。

我来到他的企业后，遇到了很多阻力。我们与人们沟通新方法时虽然学到了很多，但人们说的更多的一件事就是："哦，我们不这样做。我们有敏捷，我们以人为本，或者用敏捷的方式做决定。"不过当我们观察他们的流程时，发现他们的运作方式更像是旧的帮派组织，我完成相应的任务，你也必须做点什么来回报，否则感觉你欠了别人什么。这是一个老式的结构，也是一种倒退。

在缺乏敏捷结构或以人为中心的结构以及其他治理结构的情况下，这种老式的网状结构就会滋长。这是我们最希望整合的。

对我来说，这项工作的未来取决于我们自己的学习习惯。问题是我们如何真正参与到彼此之间众多的内部互动当中，同时维持开放的平台，让不同网络中的个人能够互相参与，而不是在单一平台上运作所有的活动。我认为科技的作用是其次的，像我这样的人对团队合作和人性化的方面更感兴趣，这样我们就可以将两者联系起来。

什么是OPO？

OPO是一个文化基因，也只是一个文化基因，它不是我发明的，也不是什么具体的事物。这就是为什么我们现在对宣言所说的价值观感兴趣的原因。如果你从这种价值观入手，你就可以找到你想象的那种结构，对我来说，我的设想是OPO。

OPO是一种结构化的存在，它实际上是在新范式下，尝试组织结构的进化。这很困难，因为OPO不像是合弄制（由角色来承担工作的管理流程），它不是一个固定的方法。它只是一个如何开始的范式，而不是一个完整的方案。它是一个过程，初创公司可以采用，希望敏捷的公司或者一家敏捷公司也可以采用。后者可以在不调整一些遗留结构的情况下进行扩展。它也是一个流程结构，可以帮助集权的大型公司去中心化。总之，它是一种范式或者是一个工具，能够让我们围绕对组织的思考来展开对话。

例如，有一些技巧：假设你是一家初创公司，并且对这个结构感兴趣，我们不建议组织基于特定的角色来建立你的初创公司。这种情况经常发生，因为创业者们有很酷的想法，并懂得如何协作。你可以看到人们会很自然地扮演不同的角色，因为他们必须全力以赴。他们并没有退缩和推脱说："那么，我们应该用哪种方式才能更好地进行这项工作呢？"很多时候，在小型初创企业中，人们犯的第一个错误是他们没有经过深思熟虑就提前设想了公司的结构。"他们把公司结构分割开，或者根据当时员工的个性来设计公司结构。"

不要将人们的工作固定在某个角色上，因为固定的角色太狭窄了，也限制你聘用的灵活度。同时，固定的角色也会造成权力的不对称。因此，第一个原则就是先不要分配职位。那么，你如何建立公司结构呢？

我们把它看成一个小城市，并在城市中建立"位置"的概念。有两种类型的位置：第一种位置是核心位置，这是你实际上创造价值的地方。当你与初创企业一起工作时，你要先问："你们到底是干什么的？你如何创造以前不存在的价值？你为客户、为世界、为社会创造了什么新的价值？"所有的组织都必须明确自己创造的价值，这样才会有价值交易，然后有价值交换。

现在事情变得复杂了，因为在现代社会这个问题很难回答。比如说，优步（Uber）不是一家出租车公司，爱彼迎（Airbnb）也不是一家酒店。人们需要理解的第一件事就是他们正在创造的价值在核心位置怎么发挥作用。有三个简单的提示：这里发生了什么？在这里，好工作是什么样子？我们要做什么才能做好工作？这里是一个虚拟的位置，通过对话来进行定义。最后一个提示是，什么价值观最能激励或让人们充满热情地工作？

这有点像盖房子。如果以某种方式盖房子，就会吸引某些买家。在职场，每一个人越是善于描述核心位置可以创造的价值——人们如何对这里的工作充满热情，工作有什么要求——就越能吸引到合适的人才。价值是核心位置的"起点"，最开始我们以创始人的身份尽我们所能地定义这些位置。一旦有人开始接管这个位置，他们就会重新审视这个位置并回答关于价值的问题，随着时间的推移，位置也会随着人们的参与而逐渐发展。最开始，你必须想象它一定是什么样子。但是，一旦你让人们以团队的形式工作并接管了这些位置，他们就可以不断地重新思考这些问题。他们会说："等等，你知道，其实我们是这样做事情的。"

爱彼迎很擅长这一点。一开始，他们谈论自己独特的方式时说："嗯，这就是我们所做的。"他们指的是如何让全球各地的员工一起交流协作。随着时间的推移，他们理解自己的方式也在逐渐进化。每个位置上的负责人必须不断地了解他们存在的意义，而更重要的是，他们必须理解这家公司存在的意义。

一旦你擅长这点，人们就可以在他们的位置上进行自我管理。他们可以通过理解自己存在的原因来区分事物的优先级，因为他们已经与整个组织保持战略对齐。我们称之为渐渐扩大的战略空间，以便容纳每个位置所明确的存在价值。相比之下，在一个大企业、非政府组织或地方政府，组织内的每个人可能很擅长他们自身的工作，他们知道工作传到自己手上时把工作干完，再把工作交出去，但他们可能并不知道他们职位存在的意义。因此，他们也不能优化任何事情。结果就是，人们没有得到发展，也不能做出职位之外的贡献。

OPO 完全摆脱了角色的限制，使用了位置意义的概念，然后让位置负责来解答位置的意义和发展的问题。这个改变就像一个已经建好的房子，你可以改变它的外观，加上一个更大的公共休息室和更多的卧室。你可以对位置进行扩充，也可以修改。通过以下三步建立 OPO：

第一步是定义核心位置。人们通常有三个位置，有些人有一到两个。如果某个人有五六个位置，他们就不太理解公司为什么存在，或者没有充分理解公司存在的意义。他们或许只是临时发展的角色，位置被分得太多。因为你有五六个位置，你会进入更多的分部、部门和角色，意味着你已经失去了自己的方向和价值定位。所以，第一步是确定核心位置。

第二步，我们先来看看这个例子。史蒂夫·乔布斯和史蒂夫·沃兹尼亚克在他们的车库里创业。他们具有天生的热情，没有人强迫他们这样做。这就是他们在车库里创造核心价值的开始。除非他们再做一些其他事情，否则他们的价值永远不会与世界进行交易，他们也不会创立苹果公司。因此，要做的第二件事就是，公司要问问自己"额外需要做的事情"或者"还需要做哪些事情"。当你听别人说，或者跟像我一样在创业公司工作过的人（我创业至少五次）讨论时，那些问题有很多组合形式，这取决于你公司的业务和背景，但是它们可以分为四个不同的类别。

为了保持精益运作，OPO让我们理解了四个不同类别的"额外需要做的事情"（Extra-curricular Activities）——我们必须创造能够观察和推广我们的核心价值观的位置，我们称之为网络地带。网络地带是第二种位置，通过网络地带我们可以观察到：正在发生什么事情；我们要怎样才能做好工作；什么样的价值观能让人们对工作充满热情；以及网络地带怎样支持核心位置，创造出价值。

这四类网络地带是你建立一个成功组织必不可少的战略对话。它能帮你从战略上理解为什么要招聘某些人。对于OPO结构，你总是需要审视事情最基本的部分。我认为这是组织中经常发生的事情，组织增长加快，随后变得复杂。然后，每年或者每三年，你可以说："好，我们再回到核心结构，重新审视一遍我们需要什么，不需要什么，看看在什么样的特殊方式下增长其实并不利于我们。"这是基本结构，然后由组织治理来支持它。一旦你理解了结构的完整性，OPO接下来会推荐某种组织治理的方法。后面我们马上就会讲到，但是请记住，在OPO中，每个位置都是起点。

OPO只是为你提供一个开始的模板。它并不告诉你怎样去做，也不回答任何问题，它只是一个流程的方法。所以，如果你是一名OPO的咨询顾问，你只是在处理这些提示：这里发生了什么？而不要说："这是你在服务业应该做的。"开始的时候，你有很多可以使用的模板，但是请记住，你是在帮助他人换一种不同的范式进行对话，不是合弄制，比较而言合弄制更具指导性，更需要遵循规则。

最后一步,组织治理也是一样的,它需要从最小的结构开始,然后可以在参与中发展。然而,并不是当你用这种治理结构时,公司看起来就是这样;或者你用这种治理结构,你就会这样去做决策。它不是宪章式的组织治理,它允许你做决定,分配资源,决定你们如何在一起交谈,如何投票,以及你们如何决定随着公司的发展而发展。宪章式的治理一开始就设立了很多规则,而 OPO 是参与式的组织治理,它设立一个流程,以便组织治理可以随着你的需要和背景的变化而变化。

例如,组织治理的第一部分是:"我们有了这些位置,这就是这里要发生的事情,这就是理想的工作成果。"你提出了这些描述,然后设立 OPO,设立核心位置,根据公司所做的事情来定义并使其能够发展。那么它怎样发展呢?在 OPO,往往从这几方面开始。其中一个是位置的定义,被称之为 POV——绩效(Performance)、目标(Objective)和价值(Value)。你也可以从公司原则开始。谷歌的一个原则就是:"首先,不作恶。"我公司的原则是开放宣言(Open Manifesto)的六条原则。敏捷公司可以从敏捷宣言开始。你有了原则,就能定义各个位置,也就是 POV,这是组织治理的开始。

然后,随着时间的推移,有人会提出对原则进行调整。你可以提出建议,每个人都可以提出建议,不过 OPO 推荐的建议模板是需要有一个故事。它应该是一个真实的故事,用故事说明为什么原则或最重要的东西在这种情况下不够充分,或者模棱两可。这是 OPO 开始的模板。

一旦你到了这一步,有人就会说:"如果建议和故事都已经具备,我们怎样决定是否改变原则呢?"这时,你就会理解组织治理是需要进化的,因为从最小的模板开始,人人都会问这样的问题:是怎样决策的?你需要一个新的原则,一个新的决策方式来阐明我们怎样做决策,并且这仅仅是一个起点,不是一成不变的。

如果企业很小,你会说:"我们只有三个人。我们开始的时候,三个人总是能谈到一块儿。我们希望 100% 达成共识。"因此,你就写下来。即使你知道这样总有不好的地方，你也不需要整体弄清楚。因为总有一天达成的共识不起作用了，有人会提出改变的建议，举一个共识不可行的例子，然后你就会改变它。因此，组织治理的方法可以从小地方开始，并覆盖组织中发生的真实事件，而不是有人想出一个整体的方法试图一劳永逸地解决所有问题。

这是一种 OPO 的方法。还有很多细节，但这是我们建议的结构——有核心地带、有人们进行战略性对话的网络地带以及组织治理。团队可以进出这些位置。在小型公司中，人们身兼数职，在大公司中，通常也有这样的需求。成立单独的团队来做太多战略性的工作并不明智。不过有一些成熟的公司使用 OPO——我在斯德哥尔摩有幸见过三个——就是这种情况：战略性活动的推进属于核心位置，整个公司保持着精益，组织的智慧分布到各个位置，位置的发展更加丰富。事实上，可能比我解释的更复杂。不过如果你的方式正确，随着时间的推移，它们会越来越具有一致性，这就是 OPO。

你怎样解决很多管理者都有的控制问题？

这是一个很好的问题，因为这个问题的答案简单但并不容易。不能简单地把事情推回到这个问题上："我怎样能做得更好？"或者换一种方式问问题："我怎么才能学会不受控制的工作？"我们把它反过来，因为控制的需要——如果你真的审视你大脑中的思维模式，或者你自身的情绪体——当你感觉受到控制的时候，这像是你面临威胁时的反应。人们不想被控制，他们想要摆脱威胁，对吧？

在推动 OPO 的活动中，如果你正在从事一项工作，那么威胁是从哪里来的？这就把话题从某个人想知道威胁的来源，变成了它是不是真的存在。在很多情况下，这个威胁是真实存在的，因为人的情绪体在做正确的反应。除非你慢下来，重新审视形势，否则情况就不是你当初所想的那样。总是有些地方，就像种子的生长一样需要不断仔细检查。

这是很有趣的工作，它在挖掘人的天赋。当我们被组织起来的时候，我们很多情绪的反应是正在发生的事情的信息点。控制的概念是很微妙的，除非你真实仔细地观察。曾经有一个初创公司，最开始是四个人，然后增加到八个人，现在有十六个人。然后他们开始对敏捷入职流程很感兴趣。在这个流程的安排中，成员们先做志愿者，然后做导师，最后才转为员工，等他们成为正式员工后，再一起分享利润和成就。不过现实发生的情况是，他们的公司越来越大，而这个流程并不是很有效。

他们是一家很酷的公司。我说："想想你们开始的时候，那时你们只有四个人，你们尝试了很多东西，然后你们需要增加人手，变成了八个人。你们告诉我，有了八个人，工作变得更高效和富有成果。现在你们有十六个人，工作变得有点分散，还有一些问题。"我接着说："你们学到的是在这家公司，在你们的理念下，在八个人之间的团队协作。你们需要的是，给雇用的另外八个人一个项目，让他们像你们当时一样学习如何成为一个团队，解决他们自己的问题。不能只是随着公司越来越大，你们慢慢监督新成员。"

也许考虑到如果犯错了会怎样，他们可能会说："我们已经在去年学到了很多。我们想帮助新成员。"可这样新成员就永远不会成为一个团队。你需要在新的团队复制那些让你的公司更好、更有活力的真实经验。

并不是说他们不应该设立导师制度，而是需要复制那些好的经验。因为他们已经有了不同种类的业务，所以我的回答是："那么，把这个部分给他们。让他们去研究，让他们去联系。他们会充满活力和具有生命力，就像你们当年一样。"这就像当我跟一位女士交谈，并向她指出来另一位女士非常优秀是敏捷的创始人一样，我告诉她："这是某种控制的开始。"起初，她有点紧张，但是她能够看出来，这是来自暗示。

OPO的一部分并非来自新的范式。它只是我们人性的一部分，挑战和事实都在人性中具有很大的潜能，我们可以从这个角度去理解我们的参与。

你怎样与团队共事？

与团队合作意味着与那些向着定义位置的人们一起工作。这些人最开始聚到一起的时候，他们会说："哦，我们要做一件之前没人做过的事，可以看到我们正在做这件事。"你看，他们基本上是在定义一个位置。他们聚在一起，然后整理各自位置的角色。当公司扩张时，你必须理解为什么要扩张，为什么需要更多人，公司需要创造的价值是什么。这样你才能吸引到新成员。

我在 King 公司遇到了碧雅-玛利亚，这家公司有很多不同的位置，他们希望有一些位置看起来像海滩，有些像树林，就像是遍布在全球各地一样。有些位置要创造的价值是每两周推出一集游戏，但比之前并没有太多的变化。这是他们做事的方式，但是不像一个初创公司。它更像是一些不同的想法的集合，每两个星期他们创造出新的一段内容，里面包含几个不同的配色方案，几个新的人物角色。

另外一个团队也在制作新的游戏。他们的环境就非常不同，有着不同的位置。在这里，他们一直觉得自己更像一个初创公司，就像他们刚刚成立一样。

你认为敏捷原则和 OPO 思想怎样互相呼应？有没有它们不匹配的地方？

我认为没有矛盾，不过我认为敏捷原则并不能包含你需要的一切。敏捷原则更像是个运作框架，它不能解释整个范式的转换，也不能涵盖我们作为人才必须发展的能力模型。在 OPO 的宣言中，我引用撰写敏捷宣言倡导者的说法，他们相信在他们理论的背后有更深层次的原则。这些原则关于我们是谁、我们如何共同协作，并且原则还在不断改进当中。我认为这并不矛盾，因为我们可以不断从最初的启发中挖掘出越来越深的意义。

敏捷 HR、敏捷原则跟 OPO 原则可以一起作用吗？

是的，我认为它们可以很好地一起运行，这是它们的工作原理。HR 是网络地带的，是四个战略位置之一，还有其他三个。敏捷做得最好的就是建立了一个战略性的位置，我们称之为访问入口。我们有什么？我们需要什么技术？我们的知识建立在什么上面？我们的合作伙伴是谁？客户是谁？我们有什么市场？如何应对挑战？这是一项战略性的活动。HR 和 OPO 都在支持这一位置，为它提供财务和团队上的支持。这就是人力资源。

现在，敏捷在传统公司所做的非常好的事情就是访问战略活动，而以往的做法是限制对客户的访问。一个传统公司只能让销售人员跟客户沟通，然后再去告诉开发人员该做什么。敏捷则采取事先获取战略的方法，让客户直接跟团队交流。这是成熟的 OPO 开始时需要的一部分，他们必须想办法允许战略性活动更深入地进入团队。由此，团队不仅是跨职能的，而且本身也需要具有战略性。

在 OPO 领域，需要使用敏捷方法处理人力资源问题。这是一个教人们如何支持自己和成长发展的过程。这种教授会让他们不只是拥有团队，还会让他们拥有的人力资源形成筒仓，只集中在一个方向上。还可以改善和培养他们，试着把他们推进跨职能的团队。

当你用敏捷的眼光看问题时，人力资源会发生变化。但是如果你以人力资源的方式来孤立这些人，那么你就会在战略活动和运营团队之间做出错误的划分。我们的目标是将学习过程直接延续到核心团队，这是一个两步走的过程。

要想成功，你最好能和客户一起"思考"。这是以前没有做过的，所以我也不能举出很好的例子。公司需要那些寻找新客户的人，团队并不能全部承担这项任务，不过当你发现一个新的客户市场或者客户群体时，你应该将它跟你的运营团队结合起来。你要做的第一件事就是人力资源的创新。现在，你要创新如何将它纳入核心业务中的方式。处于一个庞大的学习型组织，当这种情况发生时，你要寻找更新的事物和更新的信息。你现在有了本地信息，但是还没有在核心业务中建立本地的容纳能力，所以你必须不断建设这种综合容纳力。

人们在考虑如何将战略性的学习活动纳入核心团队中，而不会造成过大压力时，他们只需要意识到这不是在教书，而是指导和促进的过程就可以了。

如果你的组织在治理方面是参与式的，那么每个核心位置都将在它自身环境中为人力资源问题创建属于他们的解决方案。我认为这对人力资源来说是一项有趣的工作，想想你在旧式组织中做人力资源是什么感觉吧，那其实是有点糟糕的。但是这里是很活跃的，因为每个位置本身做的事情都有所不同，你参与到其中，会感觉这是充满活力和新鲜感的，情况也是包罗万象的，而不仅仅是制定一个无聊的人力资源策略。

HR 在敏捷组织中是多余的吗？

不，我认为你永远都需要人力资源，特别是当你允许企业改变的时候。我认为你不需要管理者，但是 HR 就像销售人员，你需要他们为企业注入新鲜血液。团队不是什么都能做，他们不能去寻找资源、举办招聘或从事其他员工活动事项。人力资源的核心价值就是确保新鲜血液的流淌，它到企业外部观察新兴事物，学习新观点，将它们带回到企业中。因此，你是在接纳新信息，也在观察外部更大的环境，而核心业务不会有很多机会观察大环境。对于 OPO 来说，一个战略性的事情就是我们刻意让核心运营员工走出去学习全新的东西，避免他们由于自己的任务而忽略了这些学习机会。

一个企业拒绝或者不能采用 OPO，有哪些原因？

我认为我们是幸运的，其中一个原因是机制通常不会变。组织中有很多惰性，特别是在我们的现代社会中。因为这是一种反馈—学习—前进的循环，不是所有的员工都知道该怎么做。如果你是在高度体制化、层级组织中成长的，那么对你来说，理解怎样参与到 OPO 当中就会很困难。因为体制限制了你能参与的方式，当你不断成熟，你最终还是会知道有其他的方式。

但是科技给了我们更灵敏、更有效、更精简、更快速的能力，让我们有了很大的竞争优势，且机构也必须改变，否则就要面临消亡，被新的企业取代它们的位置。我认为这已经很明显了，现在很多公司都在尝试新事物，因为他们知道他们必须这么做，只是有些还没有做到。因此，要么尝试要么消亡。

在第一阶段——里卡多·塞姆勒（Ricardo Semler）说过那是一个巧合——互联网技术可以赋予我们能力，使我们在没有管理者的情况下了解得更多、更快速。在互联网出现之前，管理者是沟通中心，组织中的有些人必须掌握很多信息，信息一定要储存在某个地方。所以储存不是问题，信息现在存储在电脑上，之前是由管理者负责，只不过那时没有用户界面而已。因此，你要去问个问题，思考一下，在有互联网之前，电脑一开始是整理和储存信息用的，它们不能用来搜索和获取信息。在可以搜索和获取之后，每个人独立搜索和获取信息的速度都变得更快，对大家来说效率更高了。而对于管理者来说，他们本来是负责信息浏览的，但是现在这个职能消失了。

这是第一次革命：管理者的信息浏览职能消失了，沟通中心的职能也消失了。它彻底改变了企业。现在人们正在搭建的诸如 Slack 等互联网时代办公工具，都在对传统结构进行颠覆。我认为这就是为什么旧的方式在消失，职业和企业的新机会在不断出现的原因。我认为我们很幸运，亲眼见证了这一切。

所有的企业都会应用这些原则和方法吗？

这是一个很好的问题，而且也是我们在重塑组织的时候会出现的一些对话内容。有一种观点是，人们需要达到一个具体的发展水平才能这样做。这一发展水平是大概有 11% 的人都能应用这些原则。

我做了很多发展心理学方面的工作，有些学者是研究这方面的先驱，也是我的好朋友。发展心理学最重要的认识是从传统走向后传统。如果你身处一个大多数企业都是传统企业的社会，你要非常聪明才能看穿这些结构，探索其他的可能性。这就是为什么现在很多年轻人会说"好吧，这可是显而易见的"，因为他们是在互联网的环境下长大的，科技现在对于他们来说已经是传统了。他们不需要做后传统的思考者，因为那个社会对他们来讲已经过去。

比如说，一个在等级森严的部落中成长的人，可能为通用电气（GE）这样的传统公司工作。他们实际上是后传统的，因为他们从生长环境中进步到更现代世界需要这种后传统的思维。

随着时间的推移，这些让我们拓展思维的新事物也会变成传统，它们也会起到限制作用，因此后传统需要有新思想的人去改变。出生在互联网时代的人，习惯了没有管理者依然可以检索信息，他们会说："我要管理者干什么？"他们清楚自己可以不需要这些人。作为管理者加入组织的人越来越少，但是有些人看不到这一点，因为他们的思维还是传统的。

所以，对我来说，OPO 的治理模式是很酷的，因为它在不同层级都是参与式的。比如说你有一个位置在 King 公司，其他地方可能有重复的位置，也许是在制造业，那个位置有它的治理方法，如果你到那里工作，可能有经验丰富的前辈也有年轻人。所以，那里是相当层级化的。也许经验丰富的人做了大部分工作，但当他们休假时，年轻人也能完成其他的工作。年轻人在那里工作会有一点参与感，但并不高。在不同位置，你可以看到不同的价值观的模式。

当然，这很有挑战性。比如说，有些金融行业可能有很大的对冲基金分行，在这里人们要很有闯劲，并承担高风险。当他们凭直觉做出高风险的决定时，需要有一个流程协助他们，如果他们失败了，他们要有一种共同承担责任的文化。与所需要的背景相比，这是一种非常不同的价值观。

OPO 的组织治理模板是由具体参与其中的人来定义的，不仅包括组织内不同年代的人们，还包括组织动态中处于不同阶段的全球人员。这种做法远远超越传统的公司治理方式。

敏捷术语表

下面是最常见的敏捷术语表。

适应性（Adaptive）或可适应的（Adaptable）是指项目目标和时间计划适应外部环境的变化。

待办事项列表梳理（Backlog Grooming）是持续的工作，以保持产品待办事项的状态和更新。

燃尽图（Burndown Chart）是一个图表，将冲刺中的剩余工作可视化。

每日站会（Daily Standup）或每日 Scrum（Daily Scrum）是一个简短的每日站立会议（大约 15 分钟），团队就任务和障碍进行会议和沟通。

预测性（Predictive）与适应性（Adaptive）是对立的。例如，当项目目标和时间规划遵循一个计划时，它只考虑了项目开始时的外部环境。

产品待办事项列表（Product Backlog）是一个按照优先级排序的动态清单，其中包含项目的目标和优先级，由产品负责人创建，通常优先考虑顶部最重要的功能。

产品负责人（Product Owner）是 Scrum 中的角色，负责产品待办事项列表，并与业务利益相关者一起工作。

Scrum Master 是 Scrum 团队的推动者。

Scrum 团队（Scrum Team） 由开发团队（实现并完成工作所需要的人）、Scrum Master 和产品负责人组成。

自组织（Self-organization） 意味着团队决定如何完成工作以及由谁完成工作。这并不意味着团队可以决定应该完成哪些工作或者谁可以加入团队。

冲刺（Sprint） 是一个持续 1～4 周的"时间盒"，要求 Scrum 团队富有成效地工作，并实现更新后的冲刺待办事项列表中定义的目标。

冲刺待办事项列表（Sprint Backlog） 是产品待办事项的一个子集。在冲刺的第一天，产品负责人与团队会面并解释澄清待办事项及优先级，然后让团队决定他们可以在冲刺中承担多少工作。

冲刺回顾（Sprint Retrospective） 是在每个冲刺之后举行的会议，团队在会议上考虑在下一个冲刺中需要做什么改进。

冲刺评审（Sprint Review） 是冲刺结束时的非正式会议，团队向管理层、客户和产品负责人展示并演示冲刺中已完成的工作。

时间盒（Time Box） 是一个时间单位，在此期间应该完成某些事情，例如冲刺。不能超过时间盒的最后时间期限；相反，工作范围可以在需要的时候改变。

开发运维一体化（DevOps） 是一个软件开发和交付的过程，强调产品管理、软件开发和运营专业人员之间的沟通和协作。

原则与实践

> 当谈到敏捷价值观时，透明无疑是其中之一。你不能忽视透明和信任，尤其是在一个现代的组织中。
>
> ——塞西莉亚（Cecilia）

原则和价值观 （更多）	工具和实践 （支持与加强原则和价值的具体方法）	人力资源和领导力领域 （可以使用工具和实践）
执行实验	Scrum，看板	所有都适用
反复试错	基于集合的开发（Set-based development）	所有都适用
面对面	Scrum	HR 项目
透明	OKRs，每日站会	所有都适用
更短反馈周期	Scrum，冲刺，OKRs	目标和绩效，基于项目的工作
更频繁地跟进	OKRs，回顾	目标和绩效
只评判你自己	OKRs	目标和绩效
给予更积极的反馈	360 度晚餐，奖励盒子和致谢布告栏	所有都适用

续表

原则和价值观 （更多）	工具和实践 （支持与加强原则和价值的具体方法）	人力资源和领导力领域 （可以使用工具和实践）
激励绩效	赖斯动机图谱，移动内驱力卡片	目标和绩效
借用他人的方式并调整	标杆，最佳实践	所有都适用
敏捷领导力	管理3.0	领导力
信任	人性X理论和人性Y理论	领导力和绩效管理
流动	看板，Trello软件，精益实践	所有都适用，如招聘、事务流程、人力资源支持流程
持续改进	回顾	目标设置和绩效
持续学习	回顾	人才培养，HR项目
协作	赖斯动机图谱，OKRs	所有都适用
广泛的角色，跨职能团队	参考手册，T型人才	职位描述，工作角色
参与感是最重要的	幸福指数，赖斯动机图谱，小队健康度检测模型，传递幸福，盖洛普测试的12个问题	员工参与感
团队合作	团体发展问卷（GDQ，苏珊·惠兰），赖斯动机图谱	HR团队
目标	OKRs	人才策略
实现可见的目标（Line of sight）	OKRs	目标设置
构建受激励的个人	有挑战的目标和个人计划，赖斯动机图谱，移动内驱力卡片	个人发展
薪酬是一个维持因素	薪酬规则，绩效奖金，来自管理3.0奖励的六个最佳实践	奖励与薪酬
缩短前置时间	限制在制品（Work in process，WIP）	项目和流程
授权或共享责任和决策	授权扑克，全员投票	领导力

续表

原则和价值观 （更多）	工具和实践 （支持与加强原则和价值的具体方法）	人力资源和领导力领域 （可以使用工具和实践）
没有预算	超越预算	目标，绩效，奖金
集体智慧	计划扑克，OKRs	HR 项目的时间和工作量评估
创造客户价值	冲刺评审	所有都适用
围绕个人的参与感设立工作	参与感矩阵（员工满意度及公司贡献）	员工参与感
集中办公	每日站会，结对工作	HR 团队效率

关于作者

碧雅－玛利亚·索伦是绿色子弹公司（Green-Bullet）的创始人和拥有者，该公司是成立于斯德哥尔摩的一家敏捷咨询公司。碧雅－玛利亚·索伦也是敏捷人力（Agile People）的创始人，敏捷人力于 2013 年在瑞典发起。碧雅－玛利亚·索伦的专长是敏捷 HR、敏捷领导力以及动机激励。作为瑞典多家大型跨国企业的人力资源管理顾问，碧雅－玛利亚·索伦是一位积极的变革推动者，她善于从企业视角创建一个组织，让人们可以在取得更好的表现、更加投入工作、传递客户价值的同时享受工作带来的乐趣。

邮箱：pia-maria.thoren@greenbullet.se

关于译者

黄邦伟（Pan-Wei Ng）博士是一位来自新加坡的企业精益敏捷转型教练和实践者。他目前供职于星展银行（DBS Singapore），负责银行内部的组织转型工作，同时兼任新加坡国立大学数字化转型课程讲师。黄邦伟博士有超过 20 年的丰富经验，他致力于协助企业、组织和团队寻找更好的运作模式，善于采用敏捷、精益、结构、数字化转型以及超越预算等思想模式帮助其实践。他的著作有《基于用例的面向方面软件开发》（Aspect Oriented Software Development with Use Cases）和《现代软件工程的本质》（Essentials of Modern Software Engineering），翻译书籍有《实施超越预算》（Implementing Beyond Budgeting: Unlocking the Performance Potential）和《敏捷时代的人力资源》（Agile People）。

邮箱：panwei@ngpanwei.com